孤立不安社会

つながりの格差、
承認の追求、
ぼっちの恐怖

石田光規
Ishida Mitsunori

勁草書房

はじめに

二〇一一年に『孤立の社会学』を執筆してから、七、八年の歳月が過ぎた。前著の出版当時は、二〇一〇年にNHKスペシャルで『無縁社会』の特集が組まれ、二〇一一年に東日本大震災が起き、無縁ブーム、絆ブームが起きていた。

ブームはいつか沈静化するとおもっていたのだが、なかなかそういった兆しは見えない。それどころか、いつの間にか「ぼっち」（ひとりぼっちを表す俗語）や「よっとも」（挨拶するだけの友だちを表す俗語）といった言葉も生まれ、人との距離や孤独・孤立に対する感度は相変わらず高いようだ。前著を出した当時よりも、明らかに取材件数が増えていることからも、孤独・孤立への世の中の関心の高さがうかがえる。

しかしながら、まわりを見渡してみると、孤立している人がそう多いとは思えない。たいていの人はどこかの集団に入っているし、ケータイやスマホで頻繁に連絡を取っている人も多い。どうも、一見つながりに取り込まれているように見えて、その内側に孤独感を抱えている人が増えているようだ。

一九六〇年代、七〇年代に人びとの耳目を集めた「日本人論」では、日本人は「甘え」を軸に、内集団びいきをしている、という言説が展開されていた。この考えは多くの人に支持され、日本人イコール集団主義というイメージが定着していった。

しかしながら、人びとに、時には〝煩わしさ〟すら感じさせる集団の拘束力の強さは、徐々に過去のものとなりつつあるようだ。人びとは、身内への〝迷惑〟を気にかけ、甘えることをためらうようになっている。

内集団の外にある「世間」に迷惑をかけた人を執拗にたたく姿勢は今も変わらない。インターネットが普及した現在、人への迷惑を捕捉する網の目は、より精細になっている。人びとに孤独感が蔓延する背景には、上述のような社会構造の変化があるに違いない。

本書は、多くの人がつながりに対して漠然とした不安を抱く社会を「孤立不安社会」と名付け、現代社会の孤立にまつわるさまざまな現象を検討した。内容は、人から受け容れてもらえない不安、つながりの格差、孤立死、地縁の再編と多岐にわたっている。とはいえ、各章が連関する構成をとっているので、なるべくなら序章から順に読み進めていただきたい。

なお、本書の第一章、第二章、第三章、第五章、第六章は、既発表論文をもとにしている。初出一覧は巻末に掲載した。収録された論文は、本書の流れに合わせて、それぞれに加筆修正を施している。

孤立不安社会

つながりの格差、承認の追求、ぼっちの恐怖

／目　次

はじめに

第Ⅱ部　選ばせられる孤立

序章　孤立不安社会の到来
——個人化の果てに

1　孤独・孤立を不安視する社会

孤独や孤立の不安が世にあふれて久しい。近年の孤立ブームの先駆けとなったNHKスペシャル『無縁社会——〝無縁死〟三万二千人の衝撃』（二〇一〇年）の放送から、一〇年近くの歳月が流れた。その後も孤独・孤立への関心は高く、海を隔てたイギリスで「孤独担当大臣」が設置された(1)さいには、日本でも大きく報道された。

では、日本社会において、孤独や孤立への感度はどのていど高まっているのだろうか。孤立・孤独への注目度を客観的に検討する指標として、新聞記事の登場回数を見てみよう。図序-1は、読売新聞、朝日新聞に、「孤立」または「孤独」という言葉を含みつつ掲載された記事の件数を、両

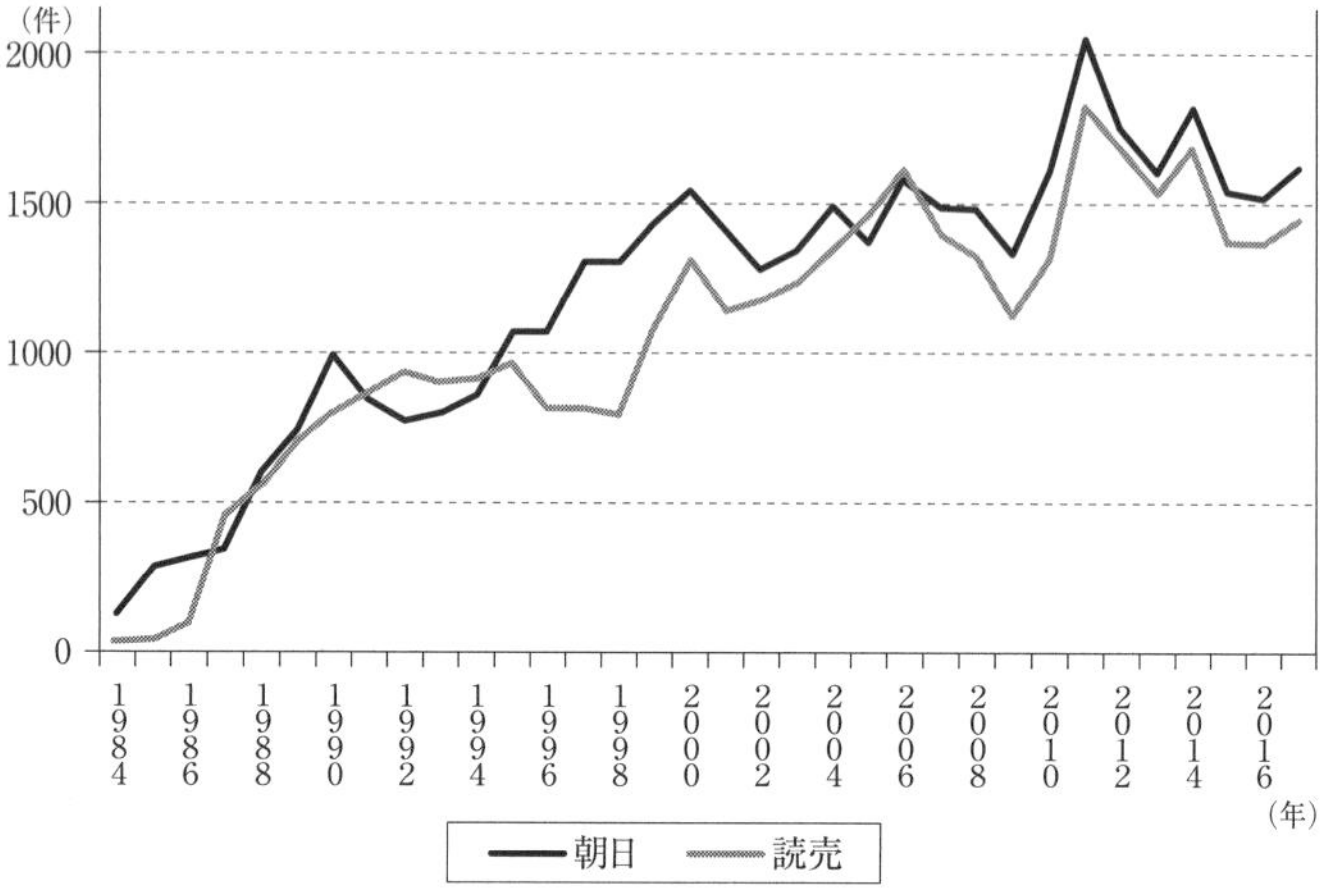

注：朝日新聞は「聞蔵ビジュアルⅡ」、読売新聞は「コミダス文書館」から検索した。

図序－１　朝日新聞、読売新聞の孤立・孤独報道の件数（1984年～2017年）

社の記事検索システムにより算出したものである。検索期間は一九八四年から二〇一七年までである[2]。

この図を見ると、孤立・孤独を報じた記事は、若干の上下動はあるものの、一九八四年からほぼ一貫して増えていることがわかる。特徴的な部分をまとめると、まず、バブルに入る一九八七年から八八年くらいにかけて上昇する。その後バブル崩壊から数年は、件数は変わらず、金融機関の破綻が取りざたされた一九九八年前後に再び上昇してゆく。さらに、ＮＨＫスペシャルで無縁社会の報道がなされた二〇一〇年、震災が発生した二〇一一年に数値はピークに達する。その後数値はいったん落ち込むものの、高止まりを続けている。

単純に一九八四年と二〇一七年だけを比べると、一九八四年は読売三八件、朝日一二九件なのに対し、二〇一七年は読売一四五〇件、朝日一六一七件である。この数値だけを見ても、近年にかけて、私たちが孤立や孤独を強く意識するようになってきたことがわかる。

では、なぜ、孤立・孤独に対する感度が高まってきたのだろうか。本書は、孤立にまつわる一連の問題を、個人の決定・選択を重視する社会（個人化社会）の産物と見なし、当該社会における人間関係の問題を、孤立を中心に論じてゆく。

本章では、まず、孤立にまつわる一連の問題をまとめ、次に、現代の日本人が取り結ぶ人間関係について、量的データをもとに確認する。最後に、以降に続く、各章の概要を説明してゆく。

2 「選択的関係」の主流化と孤立不安社会

2-1 「選択的関係」の主流化

個人化とは、社会を構成するさまざまな単位が個人に分割される現象をさす(3)。人間関係においても、目黒（一九八七）が「家族の個人化」に言及した一九八〇年代後半から個人化の傾向が指摘されている。すなわち、人間関係の維持・構築において、社会の役割に埋め込まれる部分が縮小し、諸個人の選択と決定に委ねられる部分が拡大しているのである。たとえば、家族についていえば、誰とどのような家族をつくるか（つくらないか）、家族メンバーがどのような行為をするかは、諸個人の選択と決定に委ねられてゆく。

旧来的な農村のように、強固な役割構造を内包する集団に人びとが埋め込まれている社会では、そこに暮らす人が人間関係を選択・決定する自由はきわめて少ない。生命の維持と共同が結びついていた社会では、所属集団の拘束は絶大なものであった。人びとは血縁、地縁といった中間集団への埋没と引き替えに、自らの生命を維持していたのである。この時代の人間関係を、さしあたり、「共同体的関係」としておこう。

一方、現代社会のように、人びとの生活を消費および国の提供する社会保障サービスが補償するようになると、人びとが固有の人と付き合う必然性は低下する。それとともに、私たちを縛り付けていた血縁や地縁の拘束は揺らぎ、人間関係には感情の入る余地が増してゆく。私たちは今や「自らの好み」に応じて関係を形成・維持する自由を手に入れたのである。このようなつながりを「選択的関係」としておこう。「選択的関係」の主流化は現代社会における孤立不安と密接に関連する。

2-2　つながり不満からつながり不安へ

「共同体的関係」が支配的な時代、人間関係の維持・形成において重視されたのは、社会のなかであらかじめ共有されている行動様式であった。人びとは硬直的なしきたりのなかで生きてきたと言ってもよい。家族であれば、家長を優先するしきたり、姻戚の上下関係を規定するしきたりが存在し、地域であれば、地域関係を維持する冠婚葬祭の儀式や共同体特有の規範が存在していた。こうした規範は、地域では「部落の精神」、企業では「経営家族主義」などと呼ばれ、前近代性の象徴として戦後知識人の批判対象となった。(4) 私たちは、「干渉的なつながり」への不満を原動力として、一人になりうる社会を目指してきたのである。

翻って「選択的関係」が支配的な時代において重視されるのは、当事者どうしのコミットメントである。というのも、人間関係の維持・形成は、選択権を与えられた当事者たちの積極的関与によって成り立つからだ。ギデンズは、社会的・経済的生活といった外的条件ではなく、お互いの関係性への欲求を基軸として成り立つ関係を「純粋な関係」(pure relationship) と称し、その増加を指摘した (Giddens 1991=2005, 1992=1995)。

当事者どうしの積極的関与によって成り立つ人間関係の最大の利点は、行為者個々人が自らの好みに合わせて関係を構築および消去できることである。これにより、人びとはやや閉塞感の強い集団から脱出する機会を得た。家庭や職場からの解放の議論は、こうした現象を下地においている。しかしその一方で、こうした人間関係は、人びとにいくつかの課題をつきつける。すなわち、人間関係を円滑に進める行動様式の確立とそれに基づく関係の構築・維持である。

人間関係が、関係そのものに対する相互のコミットメントにより成立するのであれば、関係の維持・形成に必要な要件は、社会ではなく当事者間で用意しなければならない。つまり、関係をうまく進める材料をお互いに見出さなければならないのである。(5) そのなかで強調されるようになったのが、人間関係の成立要件としての相互もしくは相手の満足や相互の承認である。

土井 (2004, 2008) は、現代社会の人間関係をお互いの感覚のみに依拠し、相手を傷つけないよう過剰に配慮する「優しい関係」と表現している。「優しい関係」は、相手の感情を損なえば解消される可能性が高いため、相手の心理への過剰なコミットメントを促す。同様の視点から、森真一は、関係をつなぎとめる糸口を見出せないまま、過剰に相手の心理に傾倒してゆく社会を「心理主義」社会（森 2000）、「やさしさ社会」（森 2008）などと批判的に述べている。「選択的関係」が主流化してゆく社会において、個々人に帰属すると考えられる「心理」の役割は格段に増しているのである。

しかし、個々人の心理は、社会で共有される規範ほど安定したものではない。したがって、諸個人の心理に依拠する人間関係は著しく不安定になる。人びとは、関係を円滑に進めてゆく行動様式がはっきりと見えないまま、相手の心理に配慮しつつコミュニケーションを行う厄介な状況にさらされているのである。こうした状況は、自らの提示したパフォーマンスが正解しているのかどうか――相手の感情を満たしているのかどうか――、という不安を喚起する。

かりに、提示したパフォーマンスが「不正解」であれば、人間関係は解消の危機にさらされる。というのも、人間関係の形成・継続が、当事者どうしの相互承認に委ねられるならば、「パートナーどうしのあいだに都合の悪いことが起これば、それは本質的に関係性それ自体を脅かす」（Giddens 1991＝2005：100）ことになるからだ。関係を継続してゆくためには、コミュニケーションの「正解」を更新し、お互いを承認し続けなければならないのである。

以上の議論から、「選択的関係」の主流化は、既存の息苦しい関係からの解放感と同時に、関係を解消されるかもしれない、もしくは、関係を構築できないかもしれない恐怖感を植え付けたと言えよう(6)。「私はほんとうに受け容れられているのか」「私はこれからも受け容れてもらえるのか」という承認不安は、人びとの孤独感をあおり立ててゆく。孤立不安社会の到来である。

3 つながり格差の発生

さて、この孤立不安は多くの人に均等に配分されるわけではない。むしろ、友人・知人といった関係の不均等配分を通じて、関係の保有量および孤立を格差化してゆく。

「選択的関係」の主流化とともに、人間関係の維持・形成要件が生活の必要性から当事者たちのコミットメントに移ってゆくと、友人・知人といったつながりを「持つ人」「持たざる人」の差がより一層顕著になる。その原因は、人間関係の維持・形成における資源の重要性の拡大と、社会的拘束の縮小に求められる。

人びとの付き合いが生活の必要性と密接に関連していた時代において、関係と資源格差の問題は「ヤツ」と「ワレワレ」といった特定の階層集団の対立から捉えることができた。経営者と労働者、地主層と小作層といった対立の構図はいたる所に見られたのである。

物質面・サービス面の充実によりもたらされた個人単位の生活は、これまでひとまとまりの集団を形成していた条件不利層の結束を揺るがす。自由度を増した人びとのつながりには、有用性を基軸とした選択という市場原理が導入される。かくして、相手を満たす諸資源に恵まれない人ほど、関係から疎外される傾向は加速してゆく。これについて、貧困研究者の岩田正美（2012）は以下のように述べている。

戦前、あるいは戦後一九六〇年代なかばにかけての貧困は、農村全体が貧困であったり、都会でも場所によって貧困の集中する地域がありました。そのなかで、隣人同士や大人数の世帯内の助け合いがあり、貧困地域ならではの社会的な関係が形成されていたといえます。当時は、貧困と孤立が必ずしも結びついていなかったわけです。一方で現代では、単身世帯が増え、世帯規模が非常に小さくなり、隣人との関わりがないという人もいます。個々人が社会のなかにぽんと放り込まれているような状態、つまり、社会関係が非常に希薄です。（岩田・平田 2012：12）

つまり、つながりが生活の必要性に埋め込まれていた時代には、貧困はつながりの喪失に結びつかなかったのである。というのも、いかなる立場にいようとも、人びとは誰かと結びつかなければ生活してゆけなかったからだ。それぞれの場には固有の共同性が存在していたのである。(7)

しかし、生活世界の要求を、貨幣を通じて得られるモノやサービスおよび社会保障が満たし、人間関係の維持・形成要件として個人の心理が重視されるようになると状況は一変する。つながりの多寡は、相手の欲求を満たす資源の保有量に強く規定されるようになり、資源の乏しい者は目を向けられなくなる。

本章第5節で確認するように、人間関係の最低保障として核家族が機能していた時代は、すでに過去のものとなった。自己選択・自己決定の範疇におかれた人間関係は、資源をもつ人にとっては多様なつながりを実現しうる可能性の領野となり、資源をもたない人にとっては承認を毀損される排除の領野となる。つながり格差の拡大による関係性や孤立の不均等配分は、「選択的関係」の負の側面を象徴している。

4 自己決定と関係性の再編

これまで述べてきたように、関係が選択化するなかで、私たちの人間関係は、当事者どうしのコミットメントや満足といった心理的要因によりつなぎ止められるようになった。しかし、選べるようになったのは、固有の人びととの関係のみではない。私たちは「関係から退くこと」すなわち、「孤立すること」も、その選択肢のなかに引き入れていった。

「共同体的関係」を桎梏と捉え、そこから解放され、自立・自律的主体を構築することは、近代社会の目標の一つであった。近代社会の成熟により、私たちはようやく「一人になる自由」を手に入れたのである。

しかし、「一人になる自由」は、誰にも受け容れられない不安に容易に接続される。その問題は

第2節に記したとおりである。しかしながら、問題はそれだけではない。孤立を自己決定の産物と捉える「一人になる自由」は、「排除としての孤立」を見えにくくすると同時に、共同性の再編を難しくする。以下、簡単にまとめてゆこう。

4-1　排除と孤立の難しい関係

孤立している人を自己決定の観点から二分すると、「自ら望んで孤立している人」と「本来は人とつながりたいが孤立してしまった人」に分けられる。このうち後者は、何らかの排除を受けた人として認識されやすい。一方で、前者の判断は、そう簡単ではない。

行為者の「人とつながりたくない」という決定は、どこまで尊重されるべきなのだろうか。たとえば、関係からの自発的撤退の理由として、しばしばあげられる「迷惑を意識した撤退」について考えてみよう。

年老いた高齢者が家族などの関係性から撤退し、施設介護を選ぶ最大の理由が、「迷惑をかけたくないから」である。

二〇一〇年に内閣府が実施した『介護保険制度に関する世論調査』において、「可能な限り自宅で介護を受けたい」と回答した人の割合は、三七・三%にとどまる。一方、老人ホームや病院などの施設介護を望む人は六割弱（五八・一%）である。このうち七六・七%の人が、施設介護を望む理由として「家族に迷惑をかけたくないから」を選択している。これは施設介護を望む理由としては群を抜いており、なおかつ、一九九五年から継続的に見られる傾向である。この「迷惑をかけたくないから」という言説は、孤立者の援助拒否の理由としてもしばしばあげられる。NHK「無縁社会プロジェクト」取材班（二〇一〇年）が一人暮らし世帯に行った調査では、回答者の八七％の人が家族と同居の予定はなく、しかもその理由の大半は「迷惑をかけたくないから」というものだった。(8)

この言葉は、選択性を増し、自己決定の領域におかれた人間関係の暴力性を象徴している。関係性に頼ることなく、一人で生活してゆけるシステムの整備は、これまで人と人を半強制的に結びつけていた社会的拘束を縮小させる。その結果、人間関係の維持・構築は自己決定・自己選択の範疇に入れられ、生活の維持手段は関係性のなかではなく、資本主義システムのなかでの努力を通じて獲得するものとなる。

そのような状況下での関係性への依存は、個々人の努力の放棄や怠慢を意味し、「甘え」や「他者への迷惑」といったラベルを貼られる。かくして人びとは、「迷惑をかけたくない」という〝消極的〟理由により、人間関係からの〝自発的〟撤退を強いられるようになる。「選択的関係」が主流化した社会では、自主性の皮を被らせて、関係を維持しうる資源をもたない人びとを巧妙に排除してゆく。

4-2　共同性の再編

それと同時に、「一人になる自由」は共同性の再編を一層難しくする。「共同体的関係」が主流の社会において、集団の共同性は自明のものであり、それを再定義する必要性は薄かった。せいぜい、環境変化に応じた生存戦略の変更という見地から、共同性を再編していたのである。

しかし、「選択的関係」が主流化した社会のなかで、共同性を再編するのは難しい。というのも、人びとには、集団を離脱する自由、集団に参加しない自由も保障されているからだ。このような社会で、集団から距離をおく人が現れてもなんら不思議ではない。

「一人になる自由」が保障される社会では、「人はどのていど共同すべきなのか」改めて定義し直す必要がある。しかし、それぞれの言い分に配慮しながら合意にいたるのは容易ではない。結果として、共同活動への参加は「人それぞれ」に委ねられるようになり、人びとの嗜好品と化してゆく。

私たちが自立・自律した主体を目指せば、その裏側に関係性の問題は分かちがたく存在する。孤立にまつわる一連の議論は、私たちが「個人」を重視する価値観とどのように折り合い、そのさいに生じる孤立、つながり格差、承認、共同性の問題とどのように向き合うか、という非常に〝重たい〟テーマに行き着くのである。

表序－1　若年層の悩みごと、心配ごとの相談相手

（%）

質問項目		回答	
2010	2013	2010	2013
親	父	44.1	20.7
	母		47.3
きょうだい	きょうだい	21.7	17.5
祖父母	祖父母・親類	1.7	3.7
配偶者	配偶者	30.5	8.5
友人・知人	近所・学校の友だち	65.4	38.0
	学校先輩		5.5
	職場上役・先輩		3.7
	恋人		11.6
学校の先生	先生	2.8	7.7
職場の同僚	職場同僚	15.4	7.2
カウンセラー・精神科医	カウンセラー、相談員	1.0	3.7
自治体の専門機関の人		0.3	
×	宗教関係	－	0.6
×	団体・グループ	－	7.1
ネット	ネット	2.4	4.1
×	テレビ・ラジオ	－	0.4
その他	その他	2.2	2.0
相談しない	相談しない	11.6	15.7
×	わからない	－	8.3
無回答	×	0.2	－

注：質問項目の×印は、当該の項目が設定されていないことを意味する。
資料：内閣府『若者の意識に関する調査』

5　私たちの人間関係

それでは、「選択的関係」が主流化し、孤立が懸念される日本社会において、私たちの人間関係はどのような状況にあるのだろうか。以下では、おもに血縁関係に焦点をあてて確認してゆこう。

5－1　私たちのサポート源

「選択的関係」が主流化した現代の日本社会に住む人びとは、困ったときにどのような人びとを頼りにするのだろうか。以下では、「悩みの相談相手」を特定した諸調査結果をもとに、若年層、高齢層、日本社会全般の順に、彼ら・彼女らのサポート源を見てゆこう。

若年層は、内閣府が二〇一〇年と二〇一三年に実施した『若者の意識に関する調査』から見てゆく(表序-1)。これを見ると、若年層の主要なサポート源は家族・親族と友人であることがわかる。若者の友人重視傾向は、浅野(2011)など他の研究でも指摘されている。

しかし、悩みの相談相手で友人が重要な位置を占めるのは、若年層に限られる。図序-2、序-3は、内閣府が実施した『高齢者の生活と意識に関する国際比較調査』および『高齢者の健康に関する意識調査』の悩みの相談相手の内訳である。なお、『高齢者の生活と意識に関する国際比較調査』は六〇歳以上、『高齢者の健康に関する意識調査』は五五歳以上を対象としている。また、『高齢者の生活と意識に関する国際比較調査』は、「心の支えとなっている人」を特定している。

これを見ると、高齢者のサポート源は、配偶者と子どもを中心とした親族に集中していることが明らかである。若年層で多くを占めていた「友人・知人」の回答は、多くて二五%ていどである。ここから、多くの人びとは若年期から壮年期への過程で、友人中心型から家族・親族中心型にネットワークを再編していると考えられる。

そこで最後に、二〇歳から八九歳までと幅広い層を対象にした「日本版一般社会調査(JGSS二〇〇三)」の相談ネットワークの調査結果を見てみよう(図序-4)。これを見ると、配偶者、親子、他親族と友人にサポート関係が分散していることがわかる。つまり、若年と壮年で見られた特

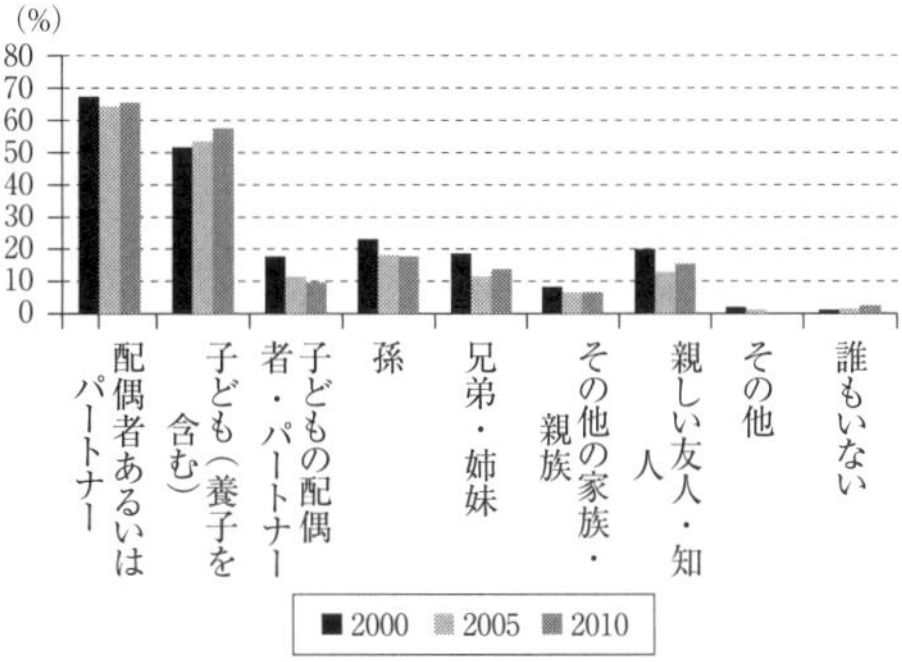

資料：内閣府『高齢者の生活と意識に関する国際比較調査』

図序－２　高齢者の「心の支えとなっている人」

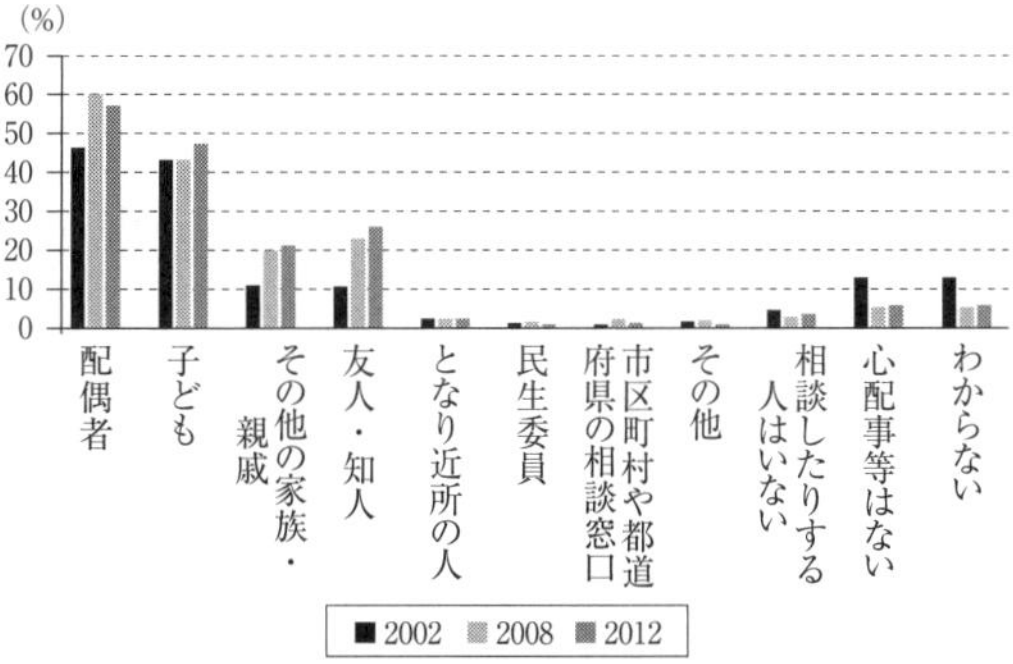

資料：内閣府『高齢者の健康に関する意識調査』

図序－３　高齢者の心配ごと、悩みごとの相談相手

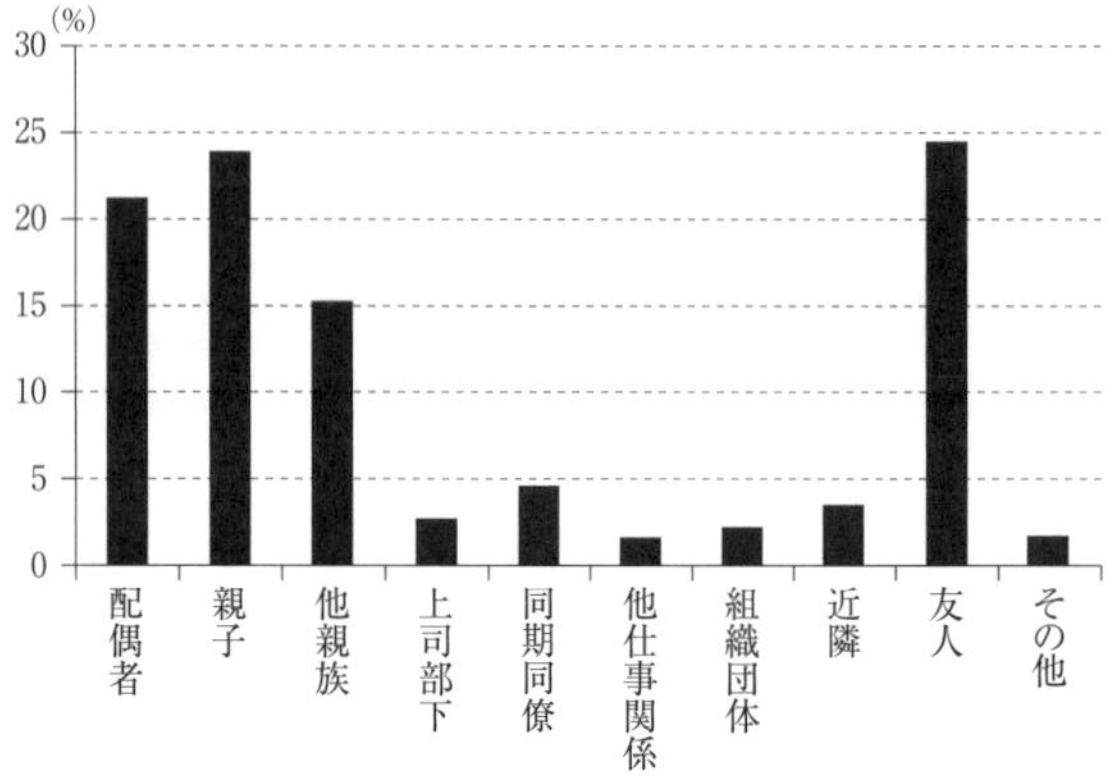

注：石田（2011）から作成。

図序－4　JGSS2003から見た悩みごとの相談相手

徴が現れている。

しかしながら、この結果については注意が必要である。というのも、石田（2011）の追加分析から明らかなように、ＪＧＳＳ二〇〇三の回答者の四五・九％は、サポート源として家族・親族以外の人をあげていないからだ。言い換えると、回答者の半数弱は、家族・親族を失うとサポート源も喪失するのである。

したがって、若年層はさておき、「一生」という長いタイムスパンで見た場合、家族・親族のサポートは、こんにちの日本社会でもきわめて重要だと言えよう。とくに高齢層にとって、その存在の大きさは際立っている。関係が選択化してきたとはいえ、血縁関係のサポート源としての役割は、やはり重要なのである。

では、日本に住む人びとにとって、サポート源の中心を占める家族・親族に何が起きているのか。引き続きデータから確認しよう。

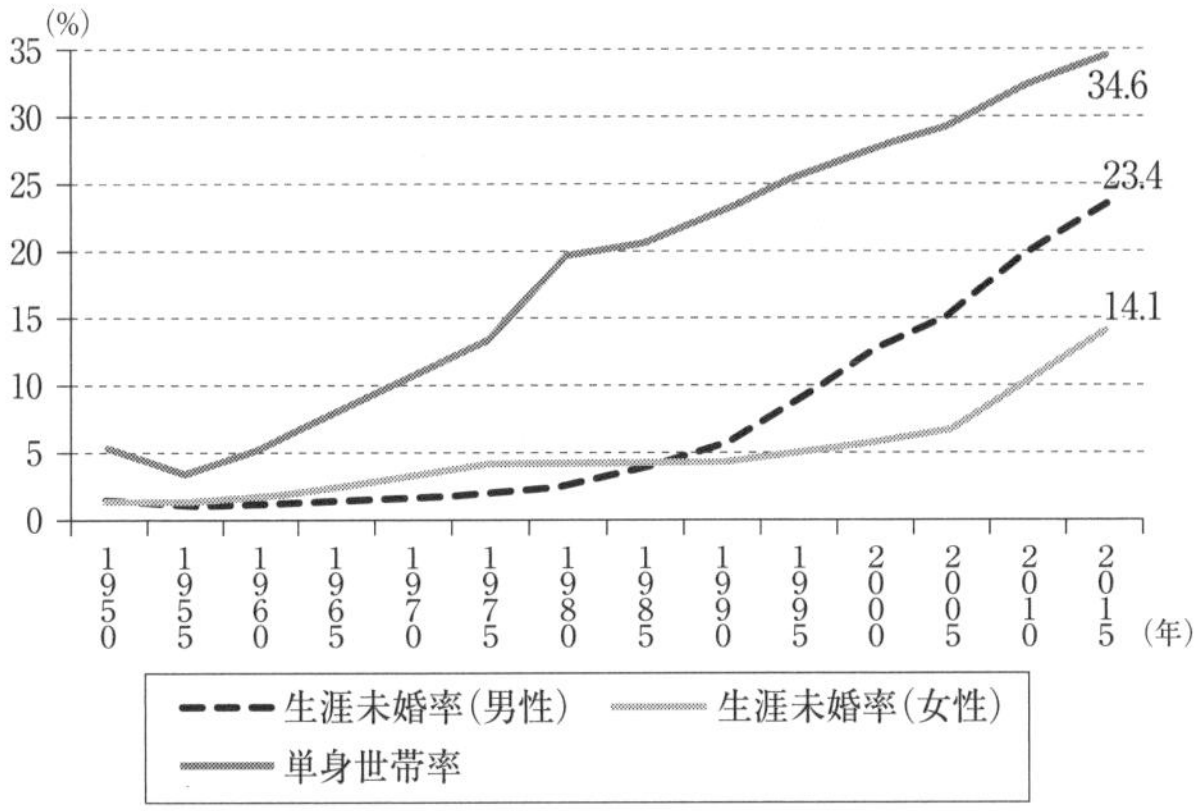

図序－5　生涯未婚率と単身世帯率の推移

5－2　揺らぐ基礎的関係としての家族

「無縁」や「孤立」を強調する言説でたびたび指摘されるように、家族関係はすでに危険水域に突入している。そのさい、最もよく用いられるデータが生涯未婚率の推移と単身世帯率の推移である。

周知のように、これらの数値は戦後から一貫して上昇している（図序－5）。国立社会保障・人口問題研究所が二〇〇五年の国勢調査をもとに算出した将来推計は、人びとに大きな衝撃を与えた。国立社会保障・人口問題研究所の長期推計によれば、二〇三〇年において、男性の生涯未婚率は二九・五%、女性の生涯未婚率は二二・六%、単身世帯率は三七・四%になるとのことだ。

この数値をもとに、いっとき、「男性の三人に一人、女性の四人に一人は未婚」「三世帯に一世帯は一人暮らし」という文言が書籍のなかに踊った。人びとの不安を過剰にあおる言説は慎んだほうがよいが、実際の生涯未婚率や単身世帯率は、推計を上回る可能性も秘めている。

二〇〇五年の国勢調査をもとに立てられた長期推計の正確さは、それ以降のデータを使って確認できる。二〇一〇年、二〇一五年の生涯未婚率と単身世帯率の実測値と推計値を比較すると、いずれも実測値のほうが上回っている(9)。このような傾向に鑑みると、今後、家族・親族関係の動揺は、私たちの予想以上に早く進む可能性がある。

人びとのサポート源の中心に家族・親族がいるのは事実であるし、意識面でも多くの人は家族を「最優先」に考えている(10)。しかし、こうした期待は、家族を結びつける力とはなっていないのが現状である。

5-3　日本社会における孤立の実態

日本社会における孤立の実態も確認しておこう。とは言っても、日本社会において「孤立化」が進行しているのか、あるいは、関係が「希薄化」しているのか証明するのは殊の外難しい。その最大の理由は、孤立あるいは希薄化の定義および測定の問題にある。

関係の実情を測定する方法は研究者によって異なる。孤立について言えば、石田(2013)で述べたように、固有の人間関係の保有・非保有で区別する二値型の捉え方と、さまざまな測定水準を設けて連続量のように捉える方法の二つがある。しかし、異なった方法によって抽出される「孤立者」の数は、それぞれに異なるため、日本社会でどのていどの人が孤立しているのか、明確に論じることは難しい。

たとえば、「過去一年間相談した相手がいない」場合を「孤立」と見なすケースと、「一週間会話した相手がいない」場合を「孤立」と見なすケースでは、当然ながら結果として示される孤立者の値は異なる。また、あくまで回答者の主観による判断のため、「真に孤立」しているか否かは定かではない。

人間関係の希薄化の証明も同様に困難である。そもそも、何をもって希薄とするか、ということについて議論の一致は見られない。

定義の不明確さは、議論の乱立と反証の容易さにつながる。これについて、若者研究を例に説明しよう。若者研究では、既存の「若者の関係希薄化」論の根拠の薄弱さについてデータをもとに指摘され、現在の若者の関係は「希薄化」ではなく「選択化」であると言われている（辻大介 1999；松田 2000）。若者の人間関係については、現在、この見解が主流となっている。

しかし、これについては異なったデータを用いて反論を唱えることもできる。たとえば、表序-1でとりあげた『若者の意識に関する調査』では、悩みがあっても相談しない人の比率は、二〇一〇年調査の一般群一一・六％から二〇一三年は一五・七％に増えている。また、ＯＥＣＤが生徒の国際比較を目的として二〇〇三年に行った調査（Programme for International Student Assessment）では、「孤独を感じている」と回答した一五歳の生徒の比率は、日本の若者だけが顕著に高い（二九・八％）。第二位のアイスランド（一〇・三％）の三倍近くの若者が孤独を感じている。これらのデータから現在の若者の関係の〝薄さ〟を強調することも可能である。

一方で、これらのデータの不備を指摘することも可能だ。内閣府の調査は、二〇一〇年が一五～三九歳、二〇一三年が一三～二九歳を対象とし、調査対象にばらつきがある。OECD調査は横断的比較であり時系列調査でないことから希薄「化」の論拠としては薄弱である。また、経年比較をなしうるすべてのデータが孤立者の増加傾向を示しているわけではない[11]。

こうした事例からもわかるように、結局のところ、孤立にかんするデータは、定義が曖昧であることに加え、時系列的な比較をできるものがほとんどない。したがって、関係の希薄や孤立を社会の趨勢と判断するには、さらなる調査、検討が必要である。

5-4 孤立死の増加

孤立死の増加傾向についても確認しておこう。孤立と同様に孤立死も定義が定まっていない。「誰にも看取られず死を迎えた」という点では共通するものの、発見までの期間、居住形態(一人暮らしか否か)など定義はさまざまである。しかしながら、「死」という客観的判断が容易な現象を対象としているため、長期的な統計さえ確保されていれば、あるていどの趨勢判断は可能である。

図序-6①②は孤立死の統計が経年的にとられている東京都監察医務院、独立行政法人都市再生機構(UR)、松戸市のデータから孤立死件数の推移と孤立死率をまとめたものである。孤立死率は、孤立死の発生件数を同じ年の死亡総数で除したものである。なお、この図は二〇〇四年から二

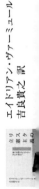

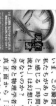

の最適なパフォーマンスを引き出す憲法ルールのデザインへ。

四六判上製 328 頁　本体 3500 円
ISBN978-4-326-45117-3

こそが必要である。国内外の復興過程を長期的に検証。

A5 判上製 308 頁　本体 3800 円
ISBN978-4-326-50467-1

日中韓働き方の経済学分析

日本を持続させるために中国・韓国から学べること

石塚浩美

日本・中国・韓国の労働市場等をダイバーシティに焦点を当てて比較研究し、日本経済の維持・成長に必要な経済活性化の方策を訴える。

A5 判上製 240 頁　本体 3300 円
ISBN978-4-326-50468-8

ナウシカ解読［増補版］

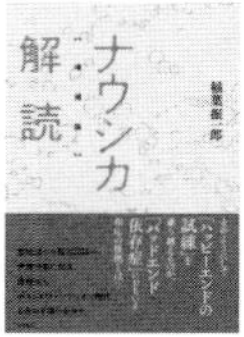

稲葉振一郎

「ハッピーエンドの試練」を切り抜けたものと「バッドエンド依存症」に陥ったもの。その両諸作品の検討から見えてくるものとは。

四六判上製 496 頁　本体 2700 円
ISBN978-4-326-65424-6

ちょっと気になる「働き方」の話

権丈英子

これからの働き方を考える上での課題を網羅。働き方と社会保障を一体のシステムとして、根本からわかりやすく学び、教えるための入門書。

A5 判並製 320 頁　本体 2500 円
ISBN978-4-326-70111-7

社会福祉の拡大と形成

井村圭壯・今井慶宗 編著

拡大と再形成の途上にある社会福祉において、制度・政策の理解と現場での実践を結び付けるための基礎知識、必要な事柄をまとめた。

A5 判並製 176 頁　本体 2000 円
ISBN978-4-326-70113-1

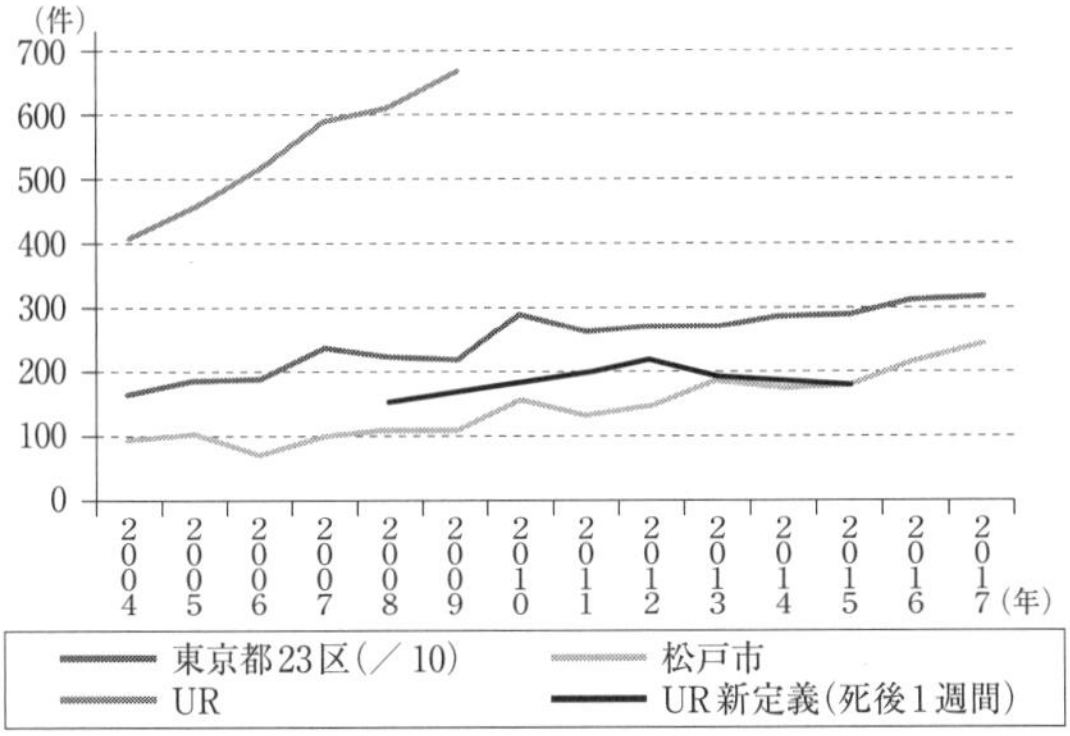

① 孤立死件数の推移

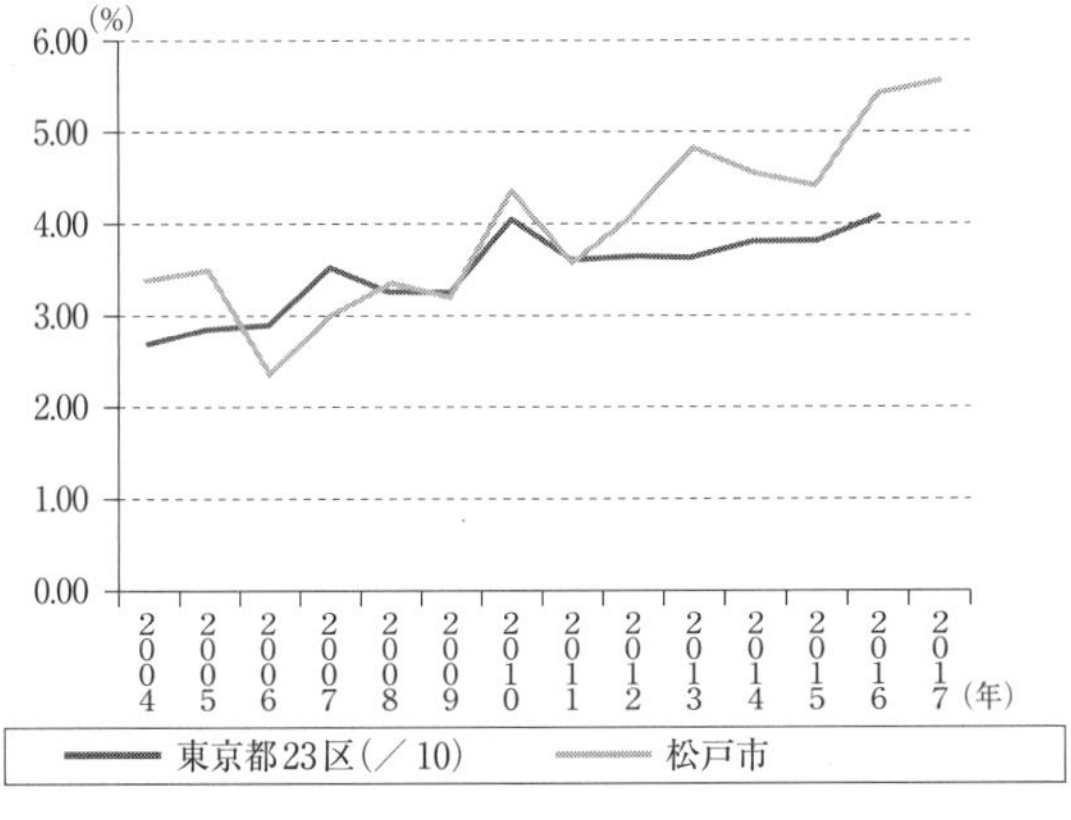

② 孤立死率の推移

注1：孤立死の定義は以下の通りである。東京23区は「自宅でなくなった65歳以上の一人暮らし」、松戸市は「(1) 一人暮らし (2) 死亡時に在宅 (3) 誰にも看取られることなく死亡 (4) 50歳以上 (2011年から40歳以上)」、URは「団地内で発生した死亡事故のうち、病死または変死の一態様で、死亡時に単身居住している賃借人が、誰にも看取られることなく賃貸住宅内で死亡した事故 (自殺及び他殺は除く)」、UR新定義では、旧定義に「1週間発見されなかった」という条件が加わり、かつ、日常的に見守りがあった人は除かれている。
注2：東京23区は件数が多いので、孤立死件数／10としている。
注3：東京都監察医務院、独立行政法人都市再生機構 (UR)、松戸市のデータから作成。

図序－6 孤立死件数と孤立死率の推移

〇一七年までの推移を見ているが、すべてのデータがあるのは松戸市のみである。

この図を見ると、孤立死件数および孤立死率ともに、多少の上下動があるものの、全般的には右肩上がりの傾向にあることがわかる。新聞記事の件数を見ると（図序-1）、孤立や孤独は無縁社会報道や震災報道が一段落した後に落ち着いたように見える。しかし、その後も、孤立死の件数は着実に増えているのである。つまり、関係的資源を失ったすえに、死にいたる人が日本社会では着実に増えているのだ。

5-5 小括

以上の分析をもとに、いったん、日本社会の人間関係の実情を、孤立の観点からまとめておこう。まず、日本社会において人間関係が希薄化し、孤立化が進んでいるか否かについては、データの不足もあり簡単には断定できない。経年的に孤立者が減っているデータもあれば、増えているデータもある。


しかしながら、私たちの社会が孤立・孤独を強く意識するようになっていることは疑いない。朝日新聞、読売新聞の二紙において、「孤立」「孤独」をキーワードに記事検索をかけると、抽出される件数は顕著に増えている。ここから現代人が孤立に対して抱く不安が透けて見える。

その背後には二つの事実が存在する。第一は、目に見えて明らかな家族の衰退である。社会調査から人びとのサポート源を探ると、その中心は未だに家族・親族である。これは、ほぼどの調査でも共通していることだ。しかしその一方で、生涯未婚率や単身世帯率は上昇し、サポートの供給源は確実に削られている。サポート源喪失のリスクは孤立のリスクに置き換えられ、人びとの孤独・孤立への感度を高めてゆく。

第二は、実数としての孤立死の増加である。前項でも見たように、孤立死の数は確実に増えている。今後の単身世帯の増加傾向を考慮すると、この傾向はしばらく続くだろう。かりに人びとが孤立死を「防ぐべきもの」と認識するならば、その数の増加は、孤独・孤立への不安を高める方向に作用するだろう。

くわえて、私たちが「選択的関係」の主流化した社会に生きていることを忘れてはならない。当該関係への相互のコミットメントにより成立する「選択的関係」は、「共同体的関係」に比べると不安定である。

「選択的関係」が主流化するなかで、人びとは、関係をうまく進める材料をお互いに見出してゆかねばならない。しかし、諸個人の呈示する自己が相手に認められる保証はなく、人びとは、「私はほんとうに受け容れられているのか」「私はこれからも受け容れてもらえるのか」という不安に襲われる。

これらの要素が相まって、私たちは孤立への不安をあおり立てられてゆく。まさに、孤立不安社会の到来である。

6　本書の構成

最後に、本書の構成について確認しておこう。本書は、第2節から第4節でとりあげた諸問題を掘り下げてゆく形で進められる。第Ⅰ部では、人びとの承認不安およびつながり格差を扱う。第一章では、婚活を事例に、「選択的関係」を結ぶさいに、人びとがコミュニケーションに混乱を覚え、承認が毀損されてゆく様相を活写する。第二章では、量的データを用いて、つながりの欠損および孤立が固有の層に集中している事実を鳥瞰的に明らかにする。

第Ⅱ部では、自己決定と孤立の関係について扱う。第三章では、孤立死を題材に、「一人になる自由」が認められた社会における孤立死の理論的位置づけ、支援の難しさを議論する。第四章では、量的データを用いて、孤立する人びとの自己決定について検討する。この分析を通じ、日本社会には、生活態度レベルにまで浸透した象徴的支配が存在し、それが固有の人びとを孤立に貶めてゆく事実が明らかにされる。

第Ⅲ部は、地域の人間関係を中心に共同性の再編を検討する。地域の人間関係は、その物理的近接性ゆえ、孤立・孤立死問題の切り札として期待を寄せられている。そこで、第五章では、地域の結びつきがどのような状況にあるか、学説、量的データを用いて明らかにする。第六章では、実際に、コミュニティ活動を行っている人たちを事例に、地域関係を再編することの難しさを明らかにする。

第Ⅰ部から第Ⅲ部までの各二章は、それぞれの問題に対して質的アプローチ、量的アプローチを交互する形で構成されている。二つのアプローチの往還を通じて、各部に潜む問題を立体的に明らかにしてゆく。

終章では、孤立および孤立不安社会からの脱却について検討する。具体的には、前者はネットワーク研究でその効果が議論されて久しい、「弱い紐帯」に着目し、育児、介護を事例に、孤立からの脱却の方策を提示する。後者については、現代社会の共同性に焦点をあて、孤立不安社会の脱却の道を探る。

さて、本書では、人間関係、とくに若者の人間関係への影響が指摘されるケータイ、スマホなどの情報通信機器を扱っていない。そこで、本編とは独立した補論を設け、現代社会の人間関係に大きな影響を与えたと言われている情報通信機器と孤立の関係について議論する。

注

（1）設置されたのは二〇一八年一月一七日である。

（2）朝日新聞は「聞蔵ビジュアルⅡ」、読売新聞は「ヨミダス文書館」から検索した。なお、対象とする年を一九八四年からとしたのは、それ以前になると朝日新聞のデータベースのあり方が変わるからである。ちなみに、それ以前の件数は、一九八四年よりもさらに減少する。

（3）詳細はBeck（1986＝1998）、鈴木編（2015）を参照されたい。

（4）「部落の精神」については福武（1959）を、「経営家族主義」については松島・北川隆吉（1987［1952］）を参照されたい。

（5）こうした状況と類似しつつも対照的な現象を示しているのが、ゴッフマン（Goffman 1967=2002）の指摘する「面目」（face）の維持である。彼は、人びとが互いの人格を尊重することで維持されるコミュニケーションの様式について、詳細な検討を行った。すなわち、個々人の「面目」を維持・修復するために、人びとはさまざまなコミュニケーションを行い、相互作用の場が成立しているのである。これを現代に当てはめるならば、「面目」を維持するための行動様式が不足した状況だと言えよう。ゴッフマンの述べるコミュニケーションが円滑に成立するためには、特定の社会において、個々人の「面目」を保つ様式があるていど確立していなければならない。しかし、現代社会では、こういった行動様式の構成要素も、個々人の心理や感情に委ねられつつある。そのため、コミュニケーションは著しく不安定であり、不安を伴う。

（6）これについて鈴木（2009）は「次はもう選ばれないかもしれない」恐怖として同様の指摘をしている。

（7）その一方で、そうした集団には貧困による深刻な人権侵害や暴力が頻発していたことも忘れてはならない。

（8）この調査は、二〇一〇年に都営高砂団地に住む一人暮らし世帯の二五七人を対象とし、一二五票回収している。

（9）生涯未婚率の二〇一五年の推計値は、男性二二・七％、女性一三・六％だったが、実測値は二三・四％と一四・一％だった。単身世帯率については、推計値三一・七％、実測値三四・六％である。

（10）『国民生活に関する世論調査』（内閣府）において、「日頃の生活の中で、充実感を感じる」時を尋ねた質問では、一九七五年から一貫して「家族団らんの時」がトップであり、『国民性の研究全国調査』（統計数理研究所）において、「あなたにとって一番大切なもの」を尋ねた質問でも、「家族」が一九八三年からトップである。

(11) たとえば、内閣府が実施した『高齢者の健康に関する意識調査』で、心配ごと・悩みごとの相談相手が「いない」と答えた人は、二〇〇二年四・六%、二〇〇八年二・八%、二〇一二年三・四%と増加傾向を示しているわけではない。

第Ⅰ部　選ばれない不安

第一章　選ばれない不安、毀損される承認
――婚活を事例として

1　私たちの人間関係――序章を振り返って

人びとは人間関係からさまざまな資源を得ている。その内容は、荷物を運ぶときの手助け、パソコンの設定がわからないときのアドバイス、人生の進路を決定するさいの相談など多種多様である。これらの援助は、相互性を伴うことも多く、人と人を結びつける触媒として機能してきた。

第二次世界大戦前の日本の各地には、農村、山村、漁村のように血縁、地縁の相互扶助によって成り立つ共同体が残っていた。農作業、葬儀、屋根の葺き替えなど共同の範囲は生活のさまざまな面におよぶ。「生活の維持すなわち助け合い」と言っても過言ではない時代である。

助け合いの要請は時として「集団の暴力」を生みだし、現在の価値観から見ると、理不尽ともと

れる要求を突きつけられることも少なくなかった。個人の欲求よりも集団の要請を優先することは、半ば必然であった。戦後の知識人は、共同体の圧力の強い社会を「前近代的」と批判し、閉鎖的な「共同体的関係」からの脱却と個人の自立を訴えていた。

第二次世界大戦後に訪れた経済成長と福祉システムの拡充により、「他者に頼らなくてもよい社会」を実現する条件は緩やかに整備されていった。人びとは自らの力で稼いだ賃金をもとに、生活維持を図り、そこから漏れ出たさいには社会福祉によって救われる。そうしたシステムが徐々に整えられていったのである。

それとともに生活維持の要件は、関係性から得られる資源ではなく、貨幣を介して交換される物資やサービスによって充足されるようになる。情報通信メディアの発達した現在、一定の資金さえもっていれば、知人と会わずに生活を送ることも十分に可能である。

しかし、関係性のもたらすものは、物資やサービスのみではない。関係性には自己の存在を受け止め、彼・彼女の安定した情緒の獲得に寄与する「承認」の機能がある。自己を受け容れてくれる相手の存在は、「重要な他者」として心理学でもたびたび言及されている。(1) さまざまな物資やサービスを貨幣によって交換できるようになった現在、承認は関係性がもたらしうる最重要資源と言うことができる。

しかし、生活の維持と関係性の維持との関連が薄まりつつある現在、承認をめぐる問題は大きく変化している。そこで本章では、婚活を事例として、「選択的関係」が主流化する社会における承認の問題を読み解いてゆく。

2　変わりゆく承認

2-1　同調的承認の時代

人びとの移動が少なく、特定の関係性への埋め込みと生活の維持が密接に関連していた時代、すなわち、「共同体的関係」を中心に生活していた時代、承認の問題は所属集団の規範に深く埋め込まれていた。

イエ・ムラに所属するメンバーの協力により生活を維持していた社会では、諸個人の行為が周囲のメンバーに与える影響は相対的に大きい。それゆえ、所属集団の規範の遵守を強く求められ、それは周りの人からの承認の獲得と深く結びついていた。

人びとはタテ——家連合、年齢階梯集団——、ヨコ——講や組——に張り巡らされた集団のなかで規範を遵守し、役割を遂行することにより承認を得ていたのである。関係性の維持と生活の維持が密接にかかわっていたため、人びとは現在の価値観からすると理不尽とも思えるルールにも従っていた。

規範への同調により承認を得る行為様式は、第二次世界大戦後、高度経済成長を経て近代的な生活を獲得した後も、形を変えて存続された。閉鎖的なムラ社会を離脱した人びとは、経済成長の過程で性別役割分業を基調とした核家族、家族主義的経営を基調とした企業社会へと再度埋め込まれてゆく。

そのさい情緒的サポートの機能を一手に引き受けたのが性別役割分業を基調とした核家族である。性別役割分業は、文字通り性別ごとに異なった役割――男性にとっての一家を養うだけの賃金の獲得、女性にとっての家事・育児の遂行――を課し、それを遂行することで社会からの承認を与えるシステムである。しかし、性別役割分業をもとに承認を付与するシステムは、男性に企業社会への従属、女性に無償労働への従属という問題を突きつけた。

本書では、特定の集団や社会にあらかじめ備わった規範に同調することで関係性から得られる承認を、「同調的承認」としておこう。この同調的承認は、特定の社会や集団の規範への従属が、諸個人の生活の維持と分かちがたく結びつくことによって成り立つ。人びとは所属する集団や社会の要求を飲み込めば、生活の糧を得られるだけでなく、自動的に何らかの関係性に包摂される。

しかしその一方で、人びとは集団や社会による理不尽な要求にも堪え忍ばなければならない。かりに、集団の規範に同調しなければ、その行為者はていどに応じた罰を与えられるか、「異端」のまなざしを注がれ、人生において数多くの困難に直面した。

経済的豊かさの獲得により現実生活面での共同の必要性がうすれ、人権意識の高まりにより意識面での個人優先傾向が出てくると、同調圧力を課す集団とそれを否定する個人の相克が訴えられるようになる。ナンシー・フレイザー（Fraser 2003＝2012）の指摘するアイデンティティ・ポリティクスの問題は、その典型である。日本では見田宗介（2008）[2]が個人を圧殺する社会の病理を「まなざしの地獄」と表現した。

2-2 獲得的承認

(1) 承認の転換

しかしながら、人びとに承認を付与していた中間集団の拘束力は、一九九〇年代に入ると急速に弱まる。ヨーロッパではベック（Beck 1986＝1998）やバウマン（Bauman 2001＝2008）、日本では鈴木ら（Suzuki et al. 2010）が指摘するように私たちの生活は個人単位に変わりつつある。人びとに求められるのは、集団への同調ではなく、主体的な選択による人生の構築である。もはや社会や集団の規範への同調と引き替えに、関係性から生活保障を得ることは難しい。このようななか承認のあり方も変わりつつある[3]。

集団の同調圧力の弱化は、一方では理不尽な規範からの解放という福音をもたらした。資本主義経済システムのもたらす財やサービスおよび福祉システムの整備により、人びとは関係性のなかに入り込まずとも、生活を維持できるようになった。生活維持の手段は、関係性のなかではなく資本主義経済システムのなかで〝努力〟を通じて獲得するものに転じた。

かくして関係性は、生活維持のために〝結ばなければならない〟もの（共同体的関係）から、〝自ら選び取る〟もの（選択的関係）へと変化した。今や誰とどのような関係をもつのか／もたないのか、といったことは自己決定・自己選択の範疇に委ねられている。もはや生活保障を担保に諸個人を拘束する「まなざし」は存在しない(4)。ここにいたって承認の問題は新たな様相を帯びてくる。

関係性の維持と生活の存続が密接に結びつく時代において、承認は、社会や集団によって課せられる規範・役割と向き合う「個人の心理」と強く関連していた。そのため、そうした規範や役割に抵抗を感じない人にとって、承認の獲得はさほど大きな問題とならなかった。個々人の生活が集団に埋め込まれ、集団の拘束力が強かった時代において、承認の問題は多くの人が経験するものではなかったと言えよう。したがって、同調的承認の問題は、集団や社会と個人（マイノリティ）との相克として描かれることが多い。

だからこそ、社会の主流を占める規範に同調できない人は、実存をかけて社会と対峙するか、不遇に甘んじる、という厳しい選択を強いられた。フレイザーがとりあげたセクシャル・マイノリティ、見田が言及した永山則夫はまさにそのような葛藤を経験している。

しかし、人びとの生活が固有の社会や集団から解き放たれると、承認の問題は多くの人たちが経験する普遍的問題と化してゆく。今やあらかじめ備わった規範に従うことで、生活保障や承認を与えてくれる集団は存在しない。

このうち前者は資本主義経済システム、社会保障システムによって代替的に入手可能である。しかしながら、後者は関係性以外からは入手しがたい。とはいえ、私たちの人間関係は、自己決定・自己選択によって獲得するものに転じつつある。

社会や集団から課される拘束力が弱化した現在、諸個人は「自らを受け容れてくれる関係性」をいかにして獲得するか、という新たな課題を背負うことになる。今や一人一人が、承認を与えてくれる関係性を自らの手で見つけなければならない。さもなくば関係性に包摂されない状態、すなわち孤立が待ち構えている。

この事実は、承認の獲得が、現代社会における普遍的課題となったことに加え、その成否が「他者の心理」すなわち「他者が自分のことを受け容れてくれるかどうか」という不安定なものに依拠するようになったことを意味している。ここにいたって承認の問題は、関係性の圧力が過剰になることにより生じる同調の問題から、関係性の圧力が過小になることにより生じる獲得の問題へと転じる。これを獲得的承認としておこう。

(2) 獲得的承認の特性と承認ビジネスの隆盛

人びとは、固有の規範への同調を強いる息苦しい「共同体的関係」から解き放たれた一方で、自らを受け容れてくれる関係性を探究する、という新たな課題を背負うことになった。しかしながら、どのように振る舞えば承認を得られるかは定かではない。というのも、その課題の解決法は他者心理という、自らでは理解し得ないものが握っているからだ。人びとは、自らを受け容れてくれる関係性を確保しなければならない一方で、その方法はわからない、という厄介な状況にさらされているのである。

このような状況は「承認を得られないかもしれない」という不安をますます加速させ、承認にまつわるビジネスを生み出す。多くの人びとが承認の獲得を望み、かつ、承認の獲得に不安を抱えているならば、そこにビジネスの可能性が潜んでいる。すなわち、不安によって生じる心の隙間を埋め、人びとの承認の可能性を広げることに商機を見出したビジネスである。これを「承認ビジネス」としておこう。

承認ビジネスは自己を対象とするものと関係性を対象とするものとの二つがある。前者は、他者からの受容の可能性の増加を目的として、資源としての自己を高めることに力点をおいている。たとえば美容関連業の広告は、体型、臭い、体毛などの身体的要素が他者からの承認／拒絶に結びつくことを誇張し、商品を販売しようとしている。服飾品についても、同様の視点からの広告は多い。

一方、後者は人との出会いの場を提供することで、他者から承認を得られる可能性を高めることをウリにしている。「出会い」を強調したサービスはその典型であり、婚活をウリにしたサービスも、この系統に属する。

この二つの承認ビジネスは相互に補完する。「出会い」の場を提供するサービスで他者からの承認を得ようとする行為者が、「自己」を射程においたサービスに手を染める可能性は決して少なくない。それを見越したかのように、「出会い」のビジネスは「自己」のビジネスをセットで提供する。後に例示する、結婚情報サービス企業も、出会いの場を提供するだけでなく、自己呈示にまつわる各種のサービスを提供している(5)。

今や承認を射程においたビジネスはいたるところに存在する。近年の婚活ブームは、承認の様式が獲得的なものに転じ、承認ビジネスが流行している実情を反映しているのである。しかし、獲得的承認のルールに則った婚活ビジネスは、獲得的承認にまつわる根本的問題を解消しない。それどころか承認を脅かす側面をも有する。

そこで以下では、獲得的承認の時代になぜ婚活が流行し、それが人びとにどのような影響を与えているのか検討しよう。

3　承認の獲得としての婚活

3-1　婚活の隆盛

承認が獲得するものに転じたさいに引き起こされる人びとの反応は、新たな関係性の模索と既存の関係の見直しに大別される。二〇一〇年あたりから話題になったルームシェアなどは、新たな関係性の一例としてあげられよう。しかし、日本社会において、従来見られなかった関係性を模索する動きは総じて弱く、既存の関係を見直す動きのほうが強い。

国立社会保障・人口問題研究所の『出生動向基本調査』から未婚者の結婚願望を確認すると、九割弱が「いずれ結婚するつもり」と回答し、依然として結婚願望は強い（図1-1）。また、序章で確認したように、統計数理研究所の『国民性調査』、内閣府の『国民生活に関する世論調査』な

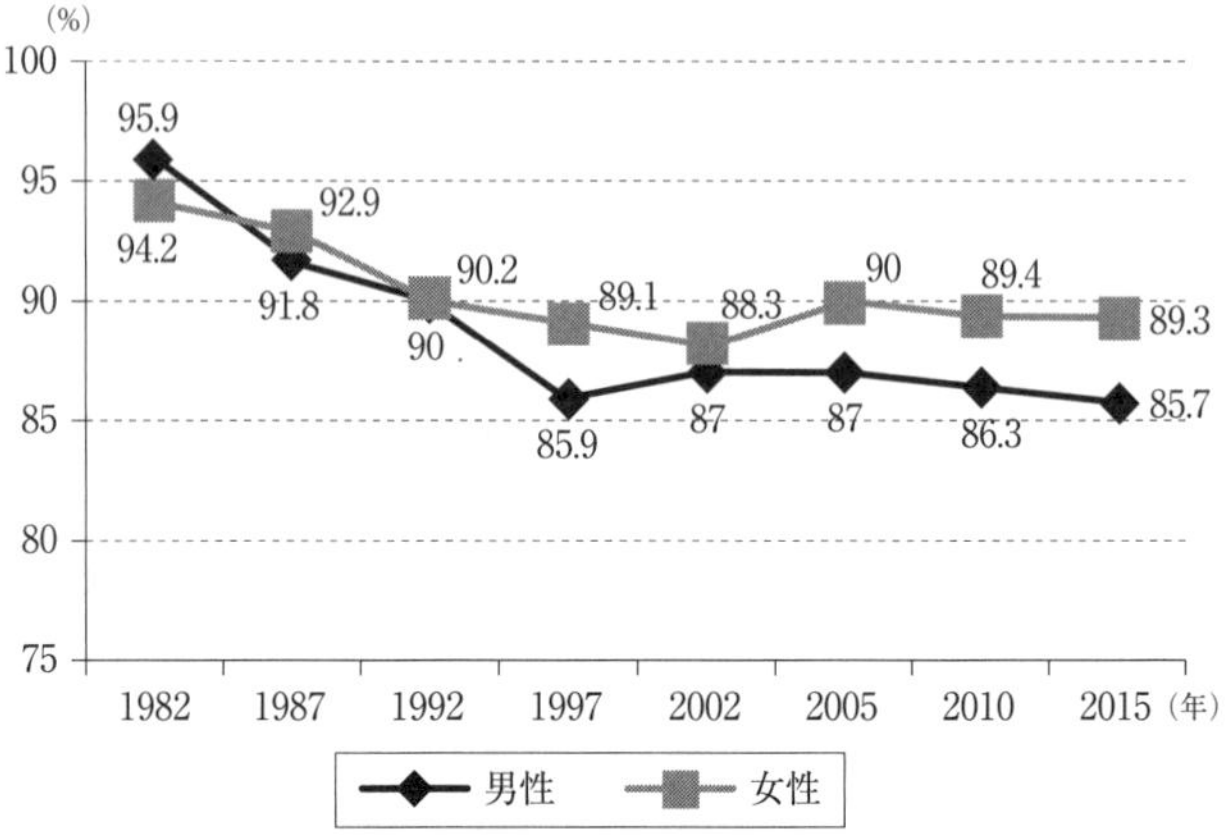

注：『出生動向基本調査』（国立社会保障・人口問題研究所）から作成。

図１－１　「いずれ結婚するつもり」と回答した未婚者の比率

どを見ても、家族を称揚する傾向は強い。

この一連の意識調査の結果には、人びとの多くが情緒的承認の場として、〝温かい〟家族を切望している心性が投影されている。序章で確認したように、さまざまなサポート研究においても、家族・親族の情緒的サポートの効果は突出していた。この事実に鑑みると、これらの意識調査の結果はそれほど意外ではない。

家族＝情緒的空間というイメージは、結婚＝安定的な承認の獲得というイメージを惹起し、人びとを婚活へと駆り立てる。しかし、結婚行動のさいに求められる行為様式は、同調的承認の時代とは異なる。それがために、人びとは承認の獲得を目論んで婚活に参入するものの、却って承認を損なわれるという矛盾した事態に陥る。

以下では、婚活ビジネスとして急成長を遂げた結婚情報サービス会社の婚活システムを分析し、婚活にまつわる承認の問題を明らかにしてゆく。

3-2　結婚情報サービス企業を介した婚活

分析の対象とするのは、業界最大手の結婚情報サービス企業、株式会社オーネットの婚活システムおよび利用実態である。まず、オーネットの婚活システムについて簡単に説明し[6]、それから企業によってシステム化された結婚行動の問題について議論しよう。

(1) サービスの概要

オーネットに限らず、結婚情報サービス企業は、結婚を望む異性の情報提供を通じて、人びとの婚活をサポートしている。しかし、そのサービスは会社により若干異なる。ちなみに、オーネットで婚活を希望する人は、まず、地区のアドバイザーと面接をしなければならない。そこで「問題なし」と判断されたら入会を認められ、その後、入会金を支払うと活動がスタートする[7]。

入会した人には、入会者の希望条件に合致した異性のプロフィール票が毎月一度、複数枚届けられる[8]。プロフィール票には、票を受け取る異性に向けたメッセージ、生年月日、身長、体重、メガネの有無、血液型、宗教、職業、学歴、年収、現在の居住形態、居住市、趣味、性格、家族構成、結婚歴、飲酒・喫煙の有無などかなり詳細な情報が記載されている。ただし、この時点で相手の顔写真は掲載されていない。

配信されたプロフィール票のなかに「会話をしたい」と感じる相手がいるならば、会員はその相手に「申し込み」のメッセージを送る。そこで、相手から「受け入れ」のメッセージがくると、相手の顔写真と連絡先も記載されたプロフィール票が届き、結婚情報サービスでいうところの「交際」がスタートする。(9)

しかし、この時点で会員は、複数の異性とのやりとりが可能なため、ここでの「交際」は恋愛的な交際とかなり異なる。というのも、男女ともに相手が別の誰かと会っている可能性もあるからだ。結婚情報サービスを通じて婚活に参入する人たちは、相手が別の誰かに会っている可能性を疑いつつ、自らを選び取ってもらえるよう異性との面会を重ねてゆく。その後、異性との面会が順調に進み、互いに「お付き合いする」という決断にいたったさいに、ようやく恋愛としての交際がスタートする。

「申し込み」の方法は、データマッチング以外にも複数ある。たとえば、事業所のインターネットで、顔写真つきのプロフィール票を閲覧しながら相手を探す「オーネットパス」や会員に毎月届けられる雑誌『イントロG』から申し込む方法がある。(10)また、異性からの「申し込み」がくることもある。さらに、会員同士が顔を合わせながら「交際」の機会を探る有料のパーティーやアドバイザーが出会いをコーディネートする有料サービスもある。

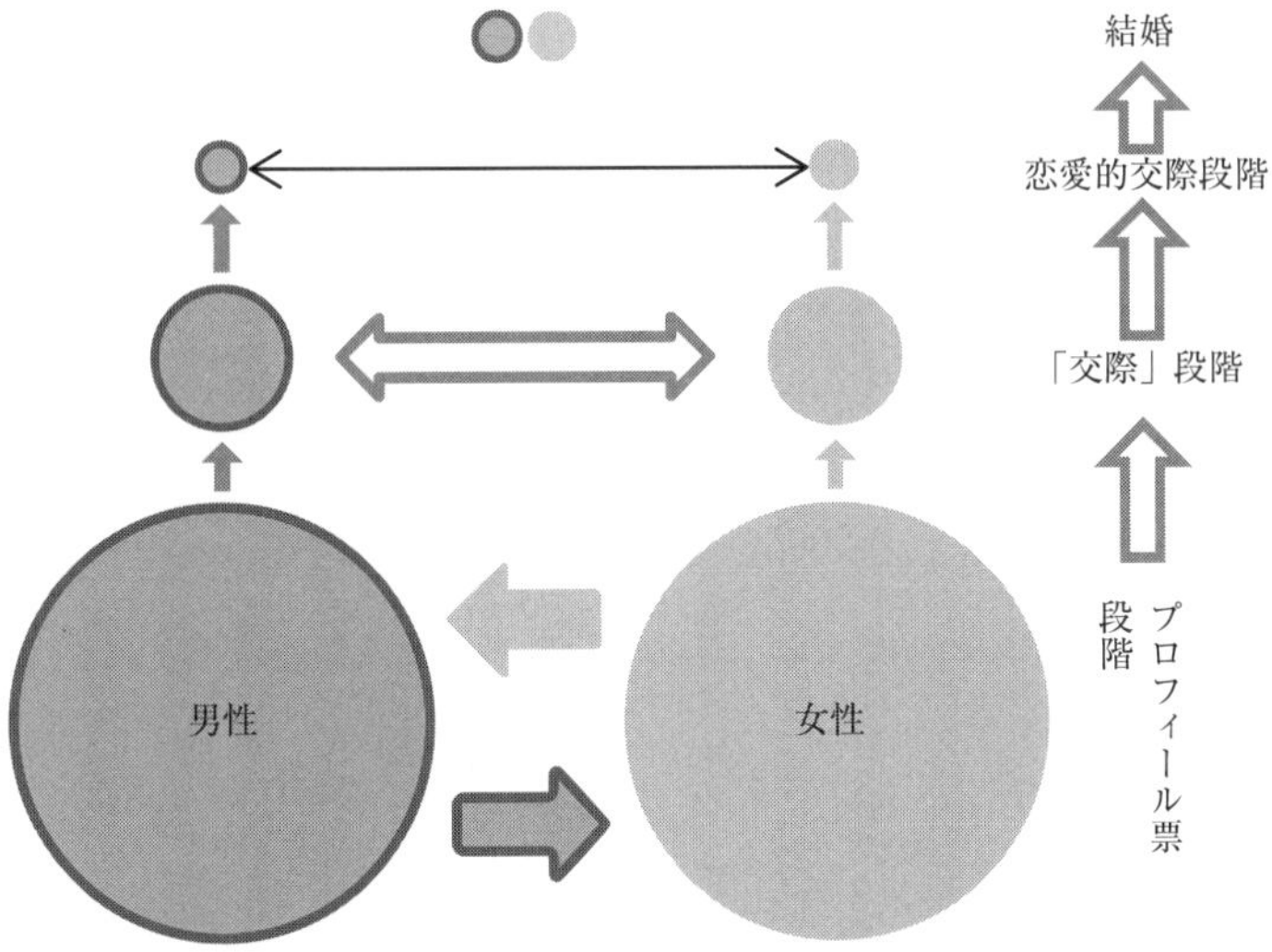

図１－２　結婚情報システムによる婚活の経路

（２）婚活の成功とスクリーニング

いずれのシステムにおいても、相手もしくは自身の「受け入れ」から「交際」がスタートし、本格的な交際までの順路をたどることは変わらない。このシステムの結婚までの経緯を単純に図式化すると図１－２のようになる。左の●は男性、右の●は女性で、○の大きさは人数の多さを表している。

結婚情報サービスによる婚活は、図１－２の下のプロフィール票段階から順に進んでゆく。プロフィール票段階は「交際」前の段階とも言い換えられる。この時期に男性および女性は、異性のプロフィール票を見比べながら「交際」にいたる想いを託し、異性に「申し込み」のメッセージを送信する。しかしながら、プロフィール票の時点で「お断り」される可能性も少なくない。その一方で、多くの異性から「申し込み」や「受け入れ」を獲得する人も存在する。結婚情報サービス会社を通じて婚活に参入した人たちは、この時点で第一のスクリーニングを経験する。

幸運にも「交際」――第二段階――にいたった人たちは、次に、異性との恋愛的交際――第三段階――を目指す。しかし、先にも述べたように、この段階では「交際」の相手が複数の異性と会っている可能性は高い。したがって、行為者は自分の目には決して見えないライバルを想定しながら、異性に「受け入れ」てもらうべく「交際」を続ける。

その競争に勝ち残ると、晴れて二者による恋愛的交際がスタートする。しかし、恋愛的交際が結婚に結びつくと限らないのは、通常の交際と同じである。恋愛的交際を経て、両者が「結婚する」という合意にいたってこそようやく婚活は終了するのである。

以上のようにまとめると、結婚情報サービス会社を通じて婚活に参入する人たちは、数々のスクリーニングを経ながら結婚というゴールを目指していることがわかる。結婚情報サービス企業が提供する婚活の場は、結婚を望む男女が大量にプールされ、それぞれの条件を見比べながら、トーナメント戦を勝ち抜くような形で合意を勝ち取った会員が、晴れて恋愛的交際および結婚にたどり着くシステムなのである。まさに市場化された恋愛・結婚システムと言ってよい。

(3) 婚活により生じる承認の問題

しかし、厳しいスクリーニングを通じた承認の獲得競争は、競争であるがゆえに、承認を獲得できた人と獲得できない人のコントラストを残酷なまでに明らかにする。わけても、頻繁な「お断り」を経験した人は、承認の獲得どころかアイデンティティの不安にさらされる。

次節では、オーネットがおもに会員向けに毎月一回発行する雑誌、『イントロG』（二〇一〇年一月号〜一二月号）の読者投稿欄（オーネット・ボイス）を素材に、結婚情報サービス企業を通じて婚活をする人びとがどのような心理状況に陥り、また、参入者の承認はどのような経緯をたどってゆくのか分析してゆこう。

4 コミュニケーションの当惑

4-1 「当惑」を通じた交際

『イントロG』には、毎号二〜四本ていどの読者投稿が掲載されている。二〇一〇年一月号〜一二月号には、合計三九本の投稿が掲載されていた。図1-3は、これらの投稿を内容別に分類し、集計したものである。数値は、合計投稿数のうち、当該カテゴリーの内容がどのくらい含まれていたかを示している。なお、一本の投稿に複数の内容が含まれることもあるので、数値の合計は一〇〇％を超える。

読者投稿は大きく分けて、投稿者の心情を吐露する記述（当惑、決意、不満、不安、落胆）とそれ以外のものに分けられる。後者のうち、「感想」は『イントロG』の内容への感想、報告は実際の

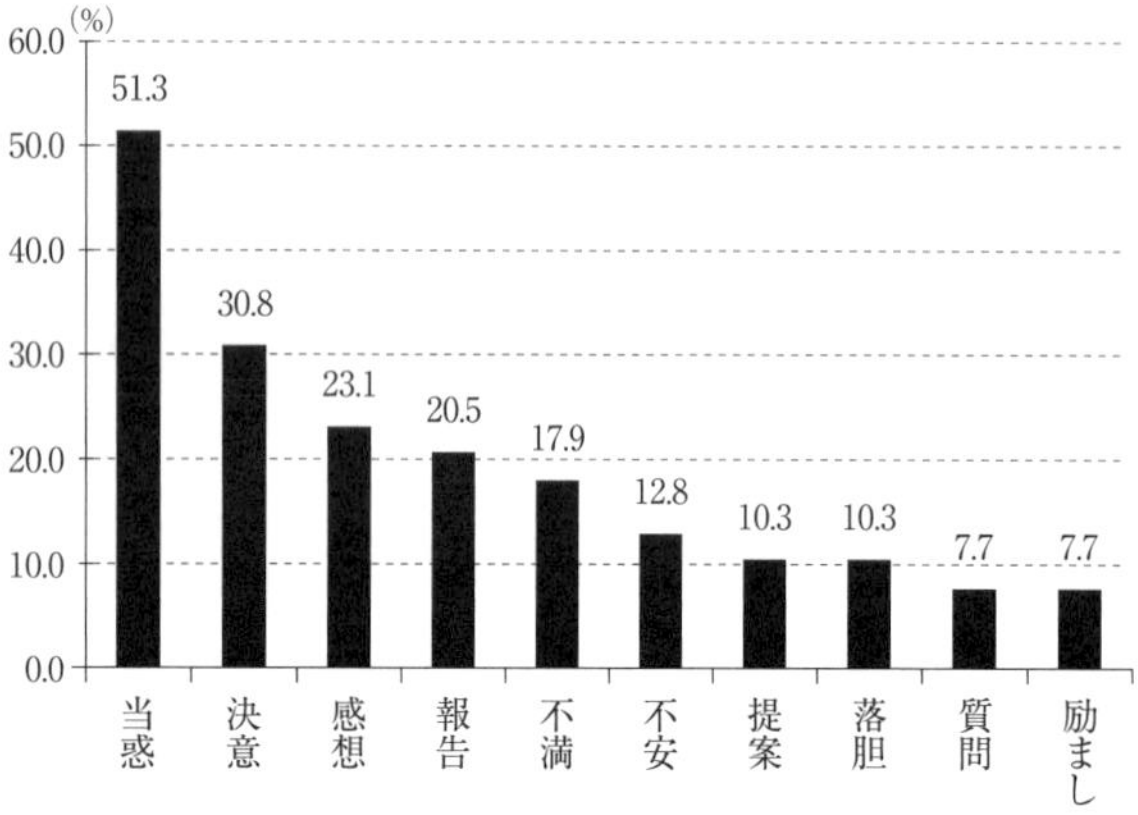

図1－3　読者投稿欄への投稿内容

活動の報告、提案は活動を踏まえた参加者への提案である。本書では、婚活当事者の心情を綴った「投稿者の心情を吐露する記述」に注目する。

図1－3を見ると、まず、目を引くのが「交際」に当惑をしている人の多さである。投稿の半数以上は、交際上の困惑を表明している。しかも、母数から、単なる事実報告である「報告」や雑誌への「感想」を除くと、じつに九一・三％もの投稿が交際への当惑を記述している。ここから「選択的関係」におけるコミュニケーションの不透明さを読み取ることができる。

序章や本章第2節で述べたように、関係の維持・形成が当事者の心理に委ねられる「選択的関係」では、コミュニケーションの「正解」を当事者どうしで見出さなければならない。しかし、個々人の心理は容易に推測しうるものではない。そのため、人びとは相手とのコミュニケーションを通じて、自らの選択が「正解かどうか」反省的に問い直さざるを得なくなる。投稿

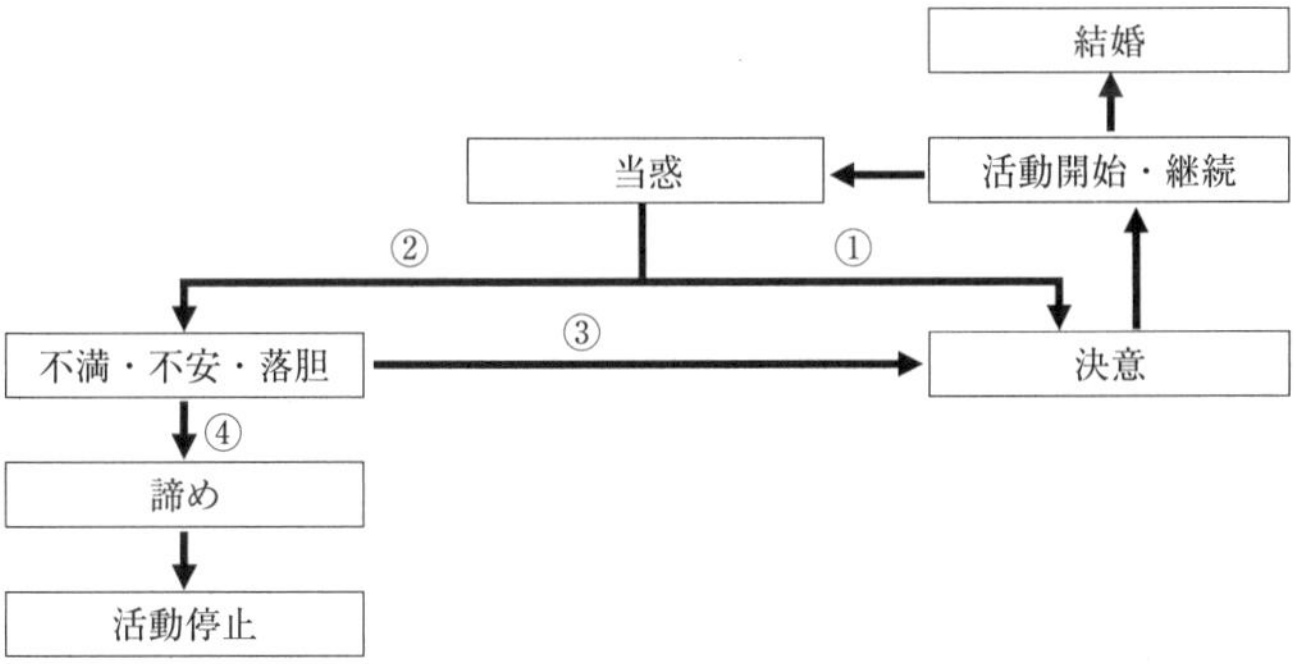

図1－4　婚活の経路

欄における「当惑」表現の多さは、「選択的関係」におけるコミュニケーションの不透明さを象徴している。

4－2　当惑後の経路

結婚情報サービス会社を利用した婚活は、当惑を経て大きく二つに分かれてゆく（図1－4）。すなわち、早めに当惑と折り合いをつけ、決意を固め婚活を継続する人（①）と、当惑に対して不満・不安・落胆を経験する人（②）である。②のルートをたどった人は、さらに、不満・不安・落胆を乗り越え、決意を固め活動を継続する人（③）、不満・不安・落胆から結婚を諦め、活動を停止する人（④）に分かれる。また、①や③のルートをたどった人でも、首尾よく結婚までたどり着かなければ、④のルートに行き着く可能性もある。

以下では、不満・不安・落胆を抱きつつも、それを乗り越え活動を継続する決意をした人（③）、不満・不安・落胆を経験し、諦めに近づきつつある人（④）の事例を検討し、婚活と承認について検討してゆこう。

5　婚活の明暗

5-1　不満・不安・落胆の超克

まず、不満を抱きつつもそれを乗り越え、活動を継続する決意をした人の投稿を見てみよう。

先日、三ヶ月前にOKをもらった人から、突然のお断りメールが届きました。今、自分は仕事柄離島にいますので、この女性とは二回しかお会いしていません。最初にお会いしたときも二回目にお会いしたときも結婚に対する意識がかなり強い発言をされていました。私の家族の話も相手から聞いてきましたし、近いうちにお会いしたいようなことまで言っていました。なのに突然のメールはいまだに理由がわかりませんし、正直納得できませんでした。魅力がなかったといえばそれまででしょう。

でも私は決してあきらめません。いつか必ず運命の人に巡り合えると信じて活動していきます。

鹿児島県　三八歳　男性（二〇一〇年二月号掲載）

この事例のように、当惑を経験しつつも次の行動に向かう人たちには、「交際」段階で「コミュニケーションの正解」を見つけることができず、「交際」を一方的に解消されたケースが多い。こうしたケースは、「自らがなぜ受け容れられなかったか」わからないため、相手に対する不満・不信感または自己への不安・不信感を抱きやすい。「正直納得できませんでした。魅力がなかったといえばそれまででしょう。」という言葉からは、当事者の複雑な感情を読み取ることができる。この段階で、自他双方への不満・不信感を抱くケースの多くは、その不満を原動力に次の行動に移る決意を固めてゆく。

その一方で、「交際」段階にいたることができず、落胆を覚えつつも、次への活動を進めようとする人たちもいる。たとえば以下の事例である。

活動も半年！　今年こそ昨年出せなかった答えを出さなければと思っています。お相手からの申し込みは数件あったものの実際お会いできたのは一件。さあ心機一転!!　と思いきや、今年は〝お断り〟数件からのロケットスタート!!

早速支社に足を運びアドバイザーのあいさつを兼ねたミーティング…一部データの変更をし、今月末には写真の撮り直しも計画しました。

こんな私でも今年こそ良い結果～せめて手をつないで歩ける女性が私の隣に来てくれるでしょうか？　先の見えない探検のようで非常に不安です。

埼玉県　四五歳　男性（二〇一〇年三月号掲載）

このケースは、先の「交際」しつつもうまくいかなかったケースとはかなり異なる。「交際」にいたらず、数多くの〝お断り〟を経験する人たちは、相手に対する不満・不信感よりも、自己への不安・不信感を拡大させてゆく。「先の見えない探検のようで非常に不安です」という言葉には、当事者の不安の大きさが表れている。

加えて、こうしたケースは、承認ビジネスへとのめり込みやすい。自己への不安・不信感を原動力とした活動は、状況改善への投資＝承認ビジネスへの投資につながりやすいのである。投稿欄であげられている「写真の撮り直し」のみならず、コミュニケーション講座など、人びとの承認不安の回収を目的としたメニューは多数用意されている。

しかしながら、承認獲得の努力も実らず、数多くの〝お断り〟を経験した人たちは、自己不信、落胆を経由し、諦めの道に達しやすい。そこで次に、不満・不安・落胆を経験し、諦めに近づきつつある人（④）の事例を検討しよう。

5-2　不安・落胆から諦めへ

まず、以下の男女の事例から見て欲しい。男性の事例は、調査対象期間外のものであるが、情報として有用であるため掲載した。

オーネットに入会してからずっと気になっていることがあります。それは、「こういう会社に入っていながら結婚したいと思っている人はいないのでは……」ということです。なぜ、僕がそう思うかというと、毎月オーネットで紹介された方に申し込みをしていますが、ほとんど返事がもらえないからです。正直、外見的にも僕はモテるタイプではないことは自覚していますが、こんなにも毎月申し込みをしているのに、良い返事どころか、お断りの返事さえももらえないのは、やっぱり僕に何か否があるのでしょうか？　オーネットで活動している女性の方は、ど《マ》う《マ》気持ちでいるのか、教えていただきたいです。よいお返事がなかなかもらえず、ようやく〝受け〟の返事がもらえて、緊張しながらも電話してみると、いつかけても留守番電話で、相手からの連絡は一向にありません。こういう時は〝受け〟てもらったという嬉しさの反動から、さらに落ちこみます。

（中略）今のような状況だと正直、このまま結婚するまで活動できる自信がありません。これを読んでいる女性会員の方にお願いです。女性は女性なりの考え方とかがあると思いますが、男性としてはYESかNOかの返事をしてほしいと思うし、欲を言うならば、一度会ってみてから、それから判断してもらいたいと思います。

神奈川県　四一歳　男性（二〇〇九年一月号掲載）

活動を始めて何年かたちましたが、良い縁が見つかりません。なかなか返事が来なくてやっと来たと思ったら、お断りの返事だったり、と正直落ち込むことが多いです。

男性の方はどこで判断して決めるのでしょうか？　女性はそれなりの将来を考えて判断することがあると思います。やはり顔やスタイルで決めたりしているのでしょうか？

ぜひ良いアドバイスがあれば教えてください。

岡山県　二九歳　女性（二〇一〇年一月号掲載）

右にあげた男女のように、スクリーニングを通過できない人は、その理由を自己の能力の欠如に見出しやすい。というのも、「相手に受け容れてもらえるほどの存在になれない自己」に失敗の責任が向けられやすいからだ。とくに、プロフィール票段階をクリアできない人は、「出会いの条件すら満たすことのできない自己」に対して深い落胆を覚える。したがって、活動不調に陥った人は、その胸に「承認を拒否された人物」としての烙印を刻みこみ、アイデンティティを著しく動揺させる。

それと同時に湧き起こるのが、自己を受け容れてくれない他者への不満である。とはいえ、自らを拒否した他者の心理を確認する術は存在しない。かくして、スクリーニングを突破できない人は、承認獲得手段の探求という隘路に入り込み、不安感を揺さぶられる。

しかし、度重なるアイデンティティの揺らぎと蓄積される不安は、着実に人びとの心を蝕んでゆく。その疲労が頂点に達したときに、彼ら・彼女らの脳裏には自主退去の思いがよぎる。最後に以下のコメントを見てほしい。

もう誰も好きになれないかもしれない……
だとしたら、まぁまぁ好きって人と結婚を決めてしまうべきなのか……
それとも、ちゃんと好き！　って思える人に出会えるまで頑張って活動すべきか……
どうしたらいいんでしょうか……。

東京都　三五歳　女性（二〇一〇年五月号掲載）

獲得的承認のルールに則った婚活ビジネスは、承認の獲得どころか、一部の人たちの承認の剝奪に寄与しているのである。

6　婚活の果てに——承認獲得競争の顚末

結婚情報サービスを介した婚活の一連の経過は、承認が獲得の対象に転じた社会に潜む矛盾を浮き彫りにする。

資本主義経済システムと福祉システムの複合による生活条件の整備と、個人主義的思想の浸透は、私たちから共同の必要性を奪い去った。これにより、私たちを取り囲み同調を求めてきた関係性は、行為者個々人の意思で選択的に構築するものへと変貌した。それとともに私たちは自らの存在を受け容れてくれる関係をどのように築くか、すなわち承認を担保してくれる関係性をどのように獲得するか、という問題を抱えるようになった。

そのさい私たちの多くが承認への想いを馳せたのが、これまで情緒的空間の象徴として認識されてきた夫婦家族であった。人びとは承認を付与してくれる関係性を獲得するために大挙して婚活へと参入した。そこに商機を見出した企業は、婚活を円滑に進めるシステムを整え販売した。しかし、そこで整えられたのは、結婚を望む相手の条件を満たした人のみが承認を手にする市場を模した競争的システムであった。

そこに結婚情報サービス企業により整備された婚活システムの最大の矛盾が存在する。婚活システムは、言うまでもなく本来、人びとが関係性から承認を得ることを支援するために作られたはずである。数万人単位の会員を抱え、[11] そこでのマッチングを図るシステムは、会員に「自らを受け容れてくれる相手がいるのではないか」という期待を抱かせる。

しかし、異性と出会う条件のみを整備し、交際の可否を会員の努力と心理に任せるシステムは、コミュニケーションの不安を生み出すと同時に、承認を得られる人と承認を得られず拒絶される人のコントラストをいっそう明確にする。承認の獲得を期待して入会した一部の会員は、「自らを承認してくれる人はいない」という残酷な事実を突きつけられ、活動前よりもアイデンティティを揺るがされ、孤立感を強める。

揺るがされたアイデンティティを承認によって回復しようとする人たちは、自らを否定した承認ビジネスに却ってのめりこんでゆく。というのも、承認ビジネスの活用こそが、彼ら・彼女らにとっての承認不安を解消する重要手段だからだ。かくして承認ビジネスは、人びとの承認不安を逆手にますます肥え太ってゆく。[12] 結婚情報サービス企業により整備された婚活システムは、承認を付与する人びとの選別と、選から漏れた人のビジネスへの再利用を効率的に行うシステムなのである。「選択的関係」の主流化は、承認の市場化をもたらし、結果して、孤立の不安をあおり立てるのである。

注

（1）たとえば、永田（2002）を参照されたい。
（2）論文「まなざしの地獄」が最初に掲載されたのは一九七三年である。
（3）承認の変化について詳しく知りたいならば、山竹（2011）の第四章を参照されたい。
（4）大澤真幸は、見田宗介が一九七三年に著した『まなざしの地獄』の解説のなかで、二〇〇八年の社会を「まなざしの不在による地獄」と評している。
（5）たとえば写真の写りをよくして、相手からの引き合いを増やすことを目論む写真サービス、服装・メイク・コミュニケーションにまつわる各種セミナーがあげられる。
（6）本書の説明は、二〇一〇年時点のものであり、現在のサービスは記述と若干異なる可能性がある。
（7）入会できるのは二〇歳以上の男女で、当然ながら既婚者は入会できない。また、男性に限っては無職や非正規雇用の人も入会できない。平成三〇年時点の入会金は、三万円（＋税金）である。その他にも活動初期費用（三ヶ月分の会費など）として七万六〇〇〇円（＋税金）がかかる。なお、料金については、オーネットの公式サイト（https://onet.rakuten.co.jp/）から二〇一八年六月五日に検索した。
（8）このサービスは「データマッチング」と呼ばれている。
（9）以下では、結婚情報システムによる「交際」をカギ括弧つきの「交際」と表記する。なお、このスタイルは二〇一〇年時点のものであり、現在は、トラブル防止の観点から連絡先の直接通知は行っていない。
（10）ただし、オーネットパスは一年に三回、各回につき一〇人までの「申し込み」といった制限がある。
（11）二〇一八年四月一日時点の会員数は男性二万六三四一人、女性二万一六六〇人である。数値はオーネットの公式サイト（https://onet.rakuten.co.jp/service/profile/）から二〇一八年六月五日に検索した。

た。

(12) オーネットの会員数は、二〇一三年七月一日時点の三万九四八六人（男性二万三二六人、女性一万九一六〇人）から、二〇一五年四万一二八〇人、二〇一六年四万四三二人、二〇一七年四万七四五一人、二〇一八年四万八〇〇一人（男性二万六三四一人、女性二万一六六〇人）と右肩上がりに増えている。

第二章　つながり格差の時代
――迫り来る孤立の恐怖

1　格差化するつながり

序章でも指摘したように、個人化の進展とともに、人びとは血縁、地縁、社縁といった中間集団の拘束から解き放たれつつある。近代資本主義的な生活様式の浸透とセーフティネットの整備によって、人びとが「生活してゆくため」に中間集団と濃密な関係を維持する必要性は薄れた。これにより、人びとの関係の維持・形成における自由度は格段に増え、「選択的関係」が主流となってゆく。辻泉（2006）はこのような状況を関係の「自由市場化」と呼んでいる。まさに、「ネットワーク的」に人間関係を自由に結ぶ時代の到来である。

人間関係を「自由」に形成できるとすれば、人びとは何を基準に関係を取り結ぶのだろうか。おそらくは個人にとっての有用性が関係の形成・維持の基準となる。関係の形成・維持が自由であるからこそ、人びとは自らにとって有用な相手を選び、その人とつながる努力をする。個人化の議論が登場した頃に、つながりの意図的形成を推奨する「ネットワーキング」の議論が出てきたのも偶然ではあるまい[(1)]。

しかしながら、すべての人びとが関係を選択する自由を謳歌できるわけではない。「選択的関係」の主流化によりもたらされる、個人の有用性を基準とした人間関係は、相手の欲求を満たす資源をもつ人の人間関係を潤し、そうした資源をもたない人の関係を枯渇させる。排除の色合いを強めた現代社会の孤立問題は、その延長線上にある。

同時に、「選択的関係」の主流化は、選択できるゆえの同質化という一見すると矛盾した現象をも引き起こす。人びとは、選択できるからこそ、自らの志向により適合した人びとと結びつき、関係を同質化させてゆく。その結果、上層は上層、下層は下層どうしの結びつきが強まり、社会の分断線が拡がってゆく。本章では、量的データを用いて、「選択的関係」が主流化した社会におけるつながり格差を、鳥瞰的に検討してゆこう。

2　人間関係の効用

分析に先立ち、人間関係の効用について簡単に触れておく。本書では、再三述べているように、生活システムの整備により、選択化された人間関係の実態を、孤立を主軸として検討することを目的としている。ここで重要なのは、関係が選択化されたからといって、人間関係の重要性が失われたわけではない、ということだ。

ソーシャル・サポート研究にもあるように、私たちが取り結ぶ人間関係は、道具的・情緒的いずれの側面でも広範なサポートを提供してきた（浦 1992）。クリスタキスとファウラー（Christakis and Fowler 2009＝2010）は、人びとの「つながり」が人生のさまざまな側面に影響を及ぼすことを、さまざまな研究をもとに論じている。近年流行している社会関係資本（Social Capital）研究でも、私たちを取り囲む関係性が教育（志水 2014）、健康（Kawachi et al. eds. 2013）などさまざまな面で影響を及ぼすことが指摘されている。

関係の効用が指摘されると同時に、関係からの疎外、すなわち、孤立の負の側面も数多く報告されている。孤独や孤立は、第一章で指摘した承認の毀損のみならず、健康、集中力、自己制御、メンタルヘルスなど人びとの心身にさまざまな負の影響を及ぼす（Cacioppo and Patrick 2008＝2010：浦 2009）。

裏を返せば、諸個人の取り結ぶ人間関係は、彼ら・彼女らの人生をまだまだ大きく左右している、ということだ。こうしたなかでつながりが格差化すれば、関係から排除される人は大きな不利を被る。そこで、次節では、日本全国に住む人を対象に二〇一五年に実施された『社会階層と社会移動に関する全国調査』（ＳＳＭ調査）、東京近郊に住む人を対象に二〇一六年に実施された『首都圏住民の仕事・生活と地域社会に関する調査』を用いて、[2] いわゆる「恵まれた層」と「恵まれない層」のネットワークがどのように異なるのか、どのような人びとが関係から排除されているのか、関係の同質化は上層、下層の分断傾向を強めているのか、確認してゆく。

3 つながり格差の実態1——恵まれる上位層、排除される下位層

人びとが自らにとっての有用性を基準として関係を「自由」に選択できるようになれば、当然ながら、他者から「必要とされる」資源を多くもつ人ほど相手から選ばれる可能性が増す。社会階層研究では、そもそも、多くの人が、似たような階層に属する他者よりも、威信の高い他者を選好することが明らかにされている（Laumann 1965）。

人びとが有用性を基準に関係を選択してゆけば、選ばれる人／選ばれない人の差が明確になり、関係は格差化してゆく。「選択的関係」の主流化は、選ばれるに足る豊富な資源を有する人びとの人間関係をより豊かにする一方で、資源の少ない人びとを関係から排除する側面をもつ。これらの事実はさまざまな研究によって実証されている。[3] そこでまず、社会経済的資源とネットワークとの関連を分析した結果を見てみよう。

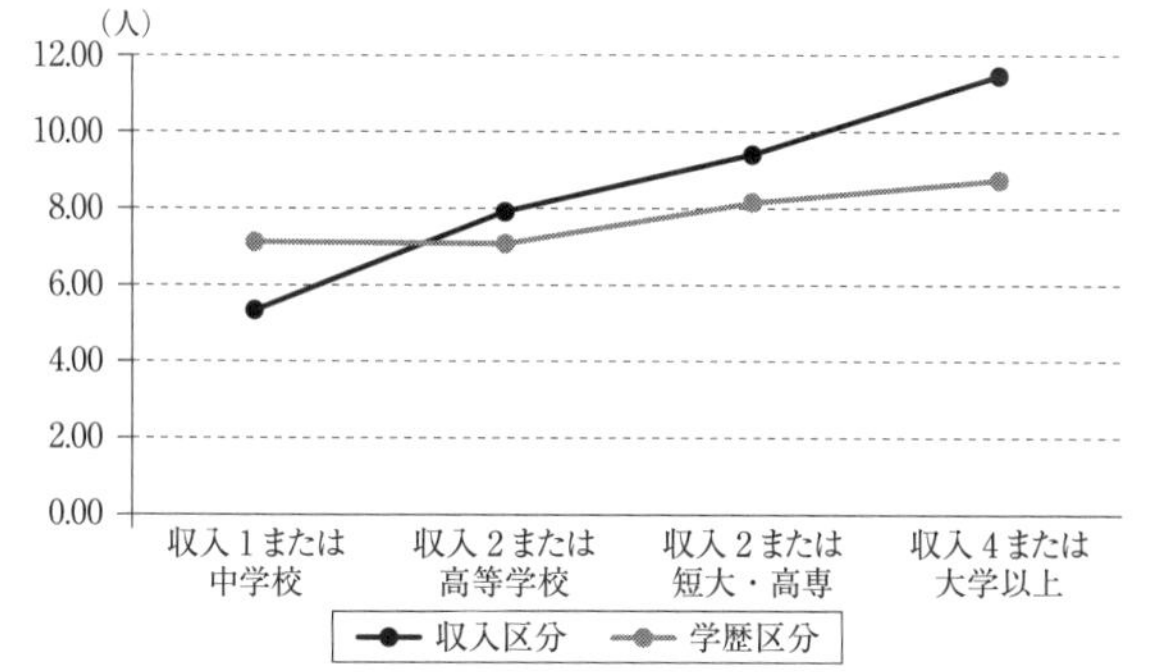

注：収入は四分位数により回答者を 4 分類した。収入 1 が下位 25%、収入 4 が上位 25% である。

図２－１　学歴別、収入別の頼りにできる友人・知人の人数

3－1　関係に恵まれる上位層

学歴については、日本に限らず、学歴の高い人びとほど、選択的な友人関係が多く（Fischer 1982=2002; Marsden 1987; 陳 1994; 中尾 2002; 松本 2005）、その関係は地理的に分散している（Fischer 1982=2002; 松本 2005）。つまり、学歴の高い人ほど豊富かつ多様な友人ネットワークをもっているのである。

この傾向は所得や職業から検討した場合も同じである。所得や職業についても、所得の高い人、専門職や管理職などの高位職に就いている人ほど、ネットワークが豊富で多様という結果が出ている（Fischer 1982=2002; 原田 2017）。ここから階層の上位にいる人ほど人間関係に恵まれている（豊富で多様な関係をもつ）と言える。この点について、『首都圏住民の仕事・生活と地域社会に関する調査』からも確認しておこう。

『首都圏住民の仕事・生活と地域社会に関する調査』

では、「日ごろ親しくし、または頼りにしている友人・知人」について、住まいからの距離別に人数で尋ねている。この頼りにできる友人・知人の平均値を最終学歴別、世帯収入別に見ると、上位層ほど関係が豊富な傾向が見られる（図2－1）。

両者の数値を比べると、世帯収入による関係差がより顕著である。下位二五％（五・三九）と上位二五％（一一・四五）の平均値を比べると、六人もの差がある。一方、学歴については差があるものの、そこまで大きくはない。また、中学校卒、高校卒の差はほとんどなく、短大・高専卒、大学以上と進むにつれて、緩やかに関係数が多くなる。

次に、関係の拡散傾向について、住まいからの距離別の関係保有数から確認しよう。図2－2、図2－3は、「親しく頼りにしている友人・知人」の平均人数を、回答者の住まいからの距離別に算出したものである。三〇分未満を近距離、三〇分以上から二時間未満を中距離、二時間以上を長距離としている。

収入については、距離別の差よりも収入差のほうが顕著である。近距離、中距離、遠距離いずれにおいても、高収入の世帯に住む人ほど、頼りにできる友人・知人の数が多い。しかも、グラフの形もほぼ同じであり、高収入の人ほど遠方まで関係を拡散させるというわけではない。

一方、学歴による関係の拡散傾向は顕著である。中学卒の人の関係が近距離に集中する一方で、大学以上の人びとは中距離・遠距離にも豊富な関係を築いている。この結果はフィッシャー（Fischer 1982=2002）、松本（2005）の知見と一致する。

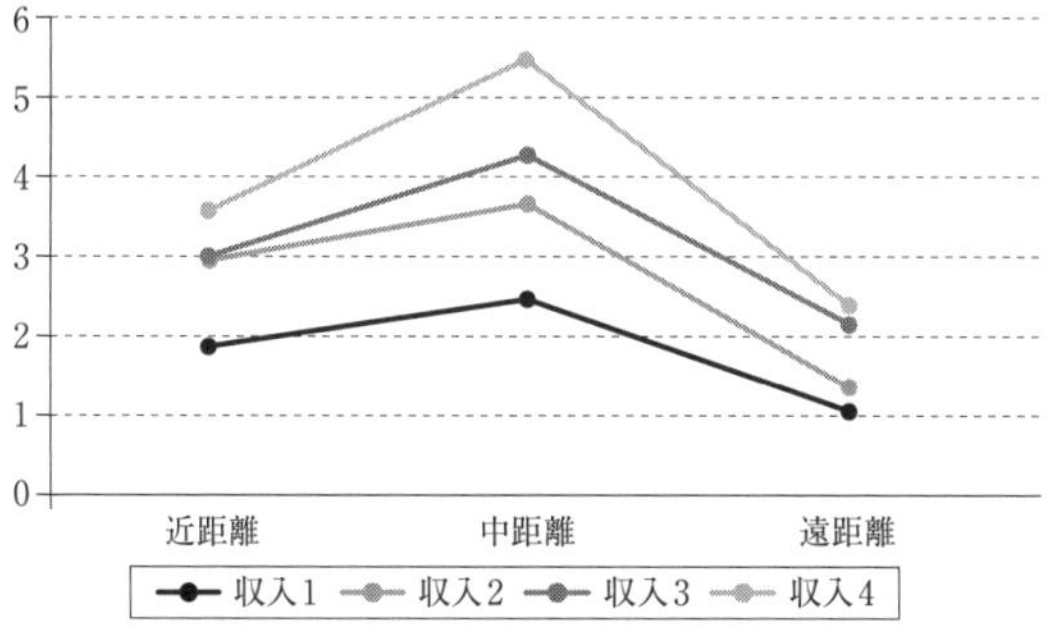

注：収入は四分位数により回答者を 4 分類した。収入 1 が下位 25%、収入 4 が上位 25% である。

図2－2　収入・距離別の頼りにできる人の数

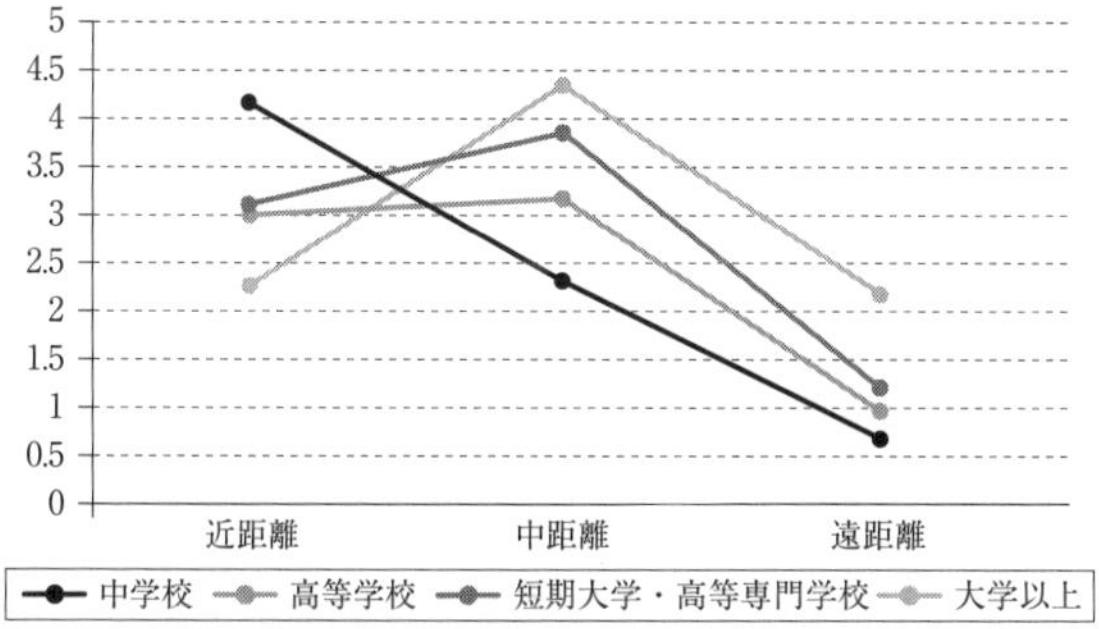

図2－3　学歴・距離別の頼りにできる人の数

以上の結果に見られるように、二〇一六年という最近のデータを分析しても、階層の上位にいる人ほど豊富で多様な人間関係をもつ傾向があると言えよう(4)。

3－2　排除される下位層

では、関係からの排除はどうだろうか。序章でも述べたように、中間集団の拘束力が強い時代、貧困はつながりの喪失に結びつかなかった。というのも、いかなる立場にいようとも、人びとは誰かと結びつかなければ生活してゆけなかったからだ。かつての社会では、それぞれの場に固有の共同性が存在していたのである(5)。

しかし、生活世界の要求を、貨幣を通じて得られるモノやサービスが満たし、中間集団が解体すると状況は一変する。つながりの多寡は、相手の欲求を満たす資源の保有量に強く影響されるようになり、資源の乏しい者は目を向けられなくなる。つまり、つながりが格差化し、貧困と孤立がダイレクトに結びつくようになるのである。

序章で言及した岩田（2012）だけではなく、都市の下層社会を研究している西澤も同様の見解を示している。すなわち、戦後の都市下層が寄せ場のような空間でゆるやかな「われわれ」感を醸成していた一方で、現在、下層は「空間的な接触媒体を奪われつつある」（西澤 2010：29）のである。以下では、下層における関係性からの排除について、孤立現象から検討してみよう。

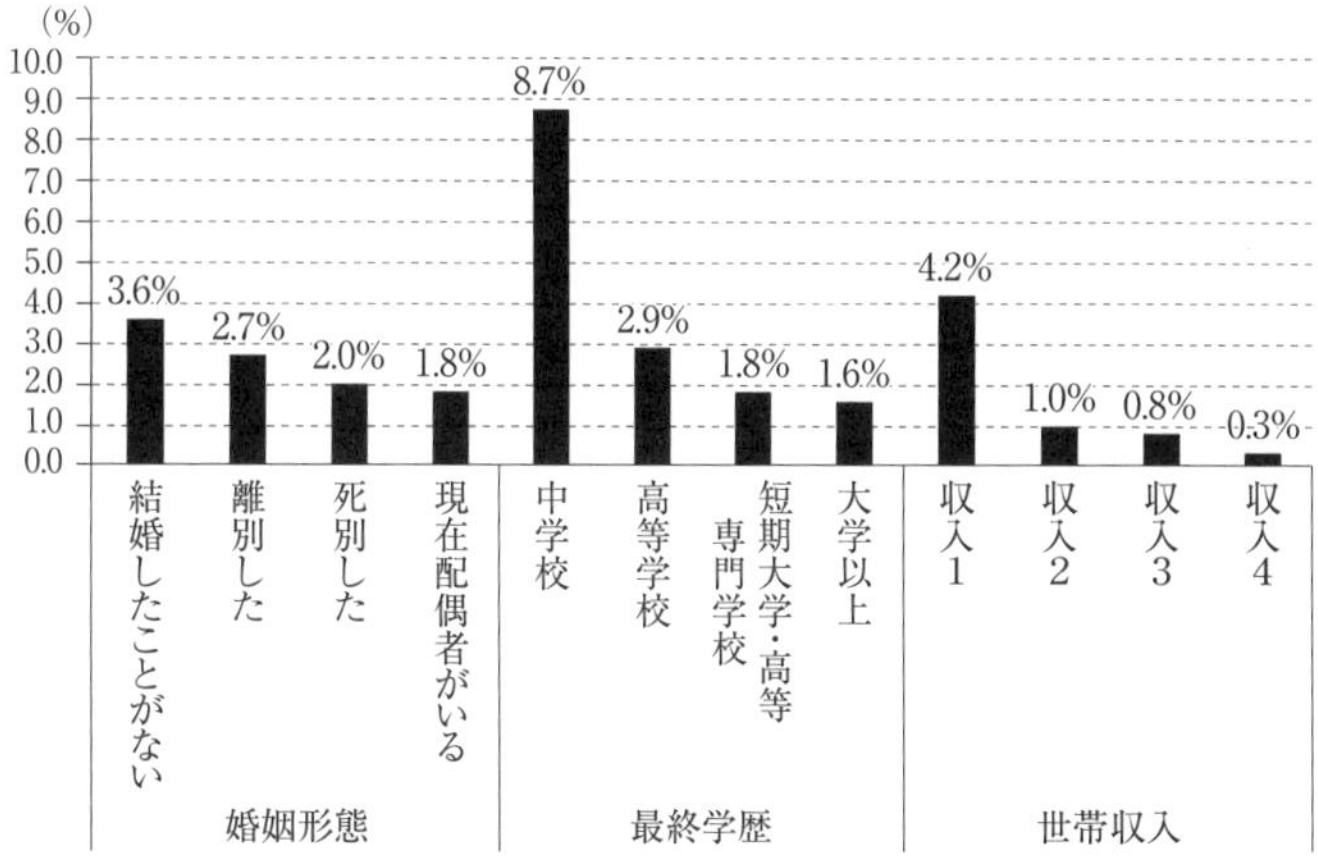

注：収入は四分位数により回答者を 4 分類した。収入 1 が下位 25%、収入 4 が上位 25% である。

図２－４　婚姻形態、最終学歴、世帯収入別の孤立者比率

（1）孤立する人びと

まず、『首都圏住民の仕事・生活と地域社会に関する調査』の結果から、婚姻形態、学歴、収入と孤立の関係を探る。

この調査は、「日ごろ親しくし、または頼りにしている友人・知人」に加えて、「日ごろ親しくし、または頼りにしている家族・親族」の人数も特定している。図２－４は、頼りにする家族・親族、友人・知人が○人の人を孤立とみなし、婚姻形態、学歴、世帯収入別に孤立者の比率を比較した結果である。

この図２－４を見ると、いわゆる「恵まれない層」ほど孤立者が多いことがわかる。婚姻形態では、結婚したことがない人、離別者、最終学歴では中学卒、高校卒、世帯収入では低収入層ほど孤立者が増える。とくに中卒者と収入下位群に孤立者が多く見られる。

収入下位群には、非正規などの雇用の不安定な人が多く含まれると考えられる。ここから、学校、雇用、婚姻のメインストリームから外れた人ほど、孤立する傾向が強いことがわかる(6)。

雇用や婚姻といったメインストリームからの逸脱と孤立との関連は、社会的孤立について検討した諸調査の結果からも裏付けられる。これらの調査は経年比較を行ったものではないが、ほとんどすべての調査において、低所得あるいは無業、未婚あるいは離別者に孤立傾向が見られている（堀 2004；河合 2009；小山 2012；斉藤 2013；石田 2016）。

一方で、メインストリームからの逸脱による孤立の、時系列的な増加傾向を指摘する研究も存在する。玄田（2013）は、「二〇歳以上五九歳以下の在学中を除く未婚無業者のうち、ふだんずっと一人か、一緒にいる人が家族以外にはいない人々」（玄田 2013：22）を「孤立無業」と名付け、その量的推移を調査した。その結果、孤立無業は一九九六年から一貫して増えているとのことだ。序章において確認したとおり、日本社会において孤立死は増加傾向にある。孤立死する人は、無配偶、無職など社会からのつながりを断たれている人、男性、低所得者が多く（額田 1999；岸 2012）、この特性は玄田の定義した「孤立無業」とほぼ一致する。つまり、日本社会では、孤立死のみならず、孤立死予備軍（孤立無業者）も増えているのである。

「選択的関係」の主流化によってもたらされた、関係の自由市場化は、メインストリームから外れた人びとを関係性から排除し、承認を毀損するだけでなく、彼ら・彼女らの孤立死のリスクをも高めているのである。

（2）結婚からの排除

序章で述べたように、日本人の生涯未婚率は、男性が一九八〇年代から、女性は一九九〇年代から右肩上がりに上昇している。その一方で、私たちは、恋愛を基軸とした夫婦関係を代替しうると期待できるほどのつながりを見出せていない。結果として、私たちは不安を解消すべく大挙して婚活に参入してゆく。しかし、すべての人が婚活に成功するわけではなく、失敗する人はさらに承認を毀損させてゆく（第一章）。

くわえて、日本社会では、未だに婚外子は一般的ではない。言い換えると、結婚しなければ子どもをもてる可能性は少ない。結婚の可否が格差化してゆけば、パートナーの確保のみならず、再生産人口の確保という点でも格差が広がってゆく。日本社会では、その善し悪しはさておいて、ケアの多くを家族メンバーに頼っている。パートナーおよび子どもをもつ可能性の格差化は、将来的にケア問題として顕在化するであろう（山田昌弘 2014）。

では、結婚できる人、できない人に階層的な差はあるのだろうか。これまで指摘されてきたように、男性の結婚の可否に対しては、経済的資源の多寡が影響する（水落 2010；山田 2014）。女性については、性別役割規範のため、経済的資源はあまり重要ではないと言われている。結婚の可否と格差についても念のため確認しておこう。

用いるのは二〇一五年SSMデータである。分析対象は、あるていどの人数が結婚しており、大半が就労していると考えられる四〇・五〇代に限定する。分析は男女別に行い、男性は学歴および

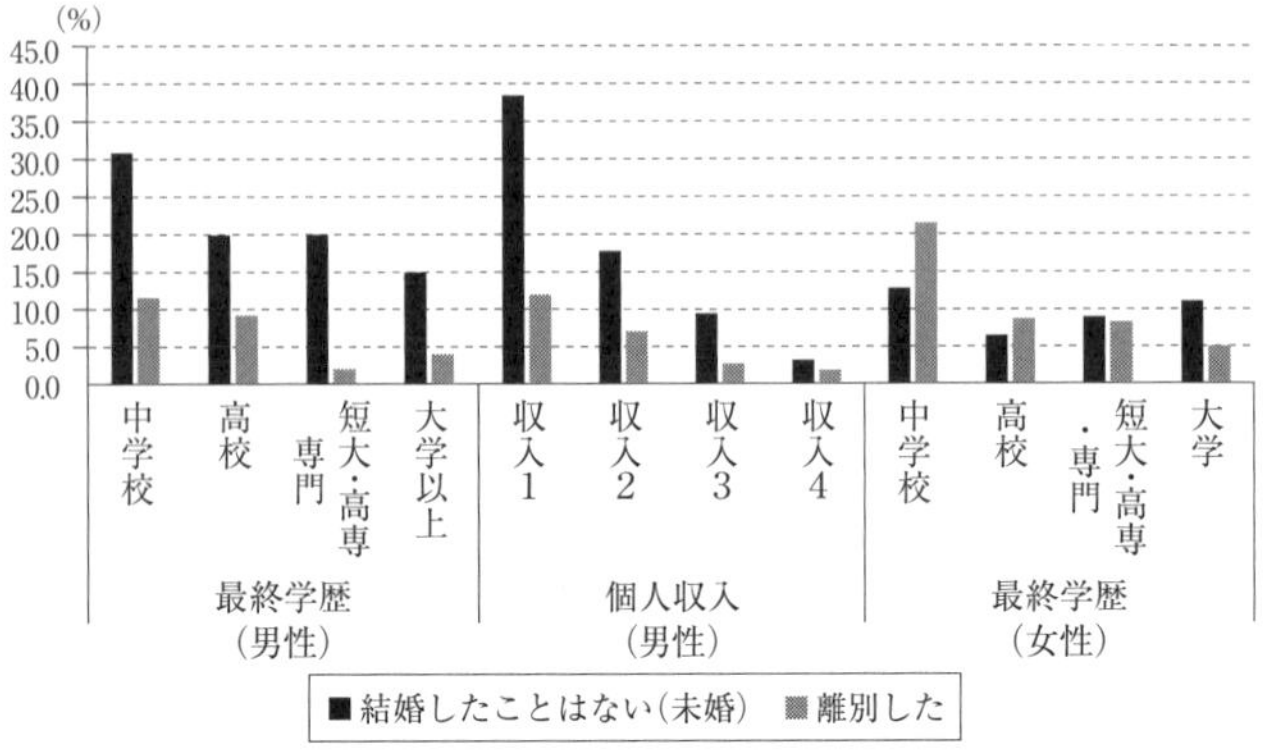

注：収入は四分位数により回答者を 4 分類した。収入 1 が下位 25%、収入 4 が上位 25% である。

図２－５　最終学歴、個人収入別の婚姻形態

個人収入と結婚の可否を分析する。一方、女性は結婚によるステータスの変化（専業主婦、非正規への移行）も考えられるので、学歴別の分析のみ行う。

図2－5は、最終学歴、個人収入別に未婚者、離別者の比率を示したものである。これを見ると、男性の階層差が際立っている。離別者比率において、短大・高専・専門卒と大卒以上の間でわずかに逆転があるものの、それ以外はすべて右肩下がりになっている。とくに両端のカテゴリーの差は大きい。

四〇・五〇代男性で中学卒の人は三〇・八％が未婚者なのに対して、大卒以上ではその比率が半分以下の一四・九％にまで下がる。収入差はさらに顕著であり、個人収入下位二五％の四割弱（三八・二％）が結婚していない一方で、上位二五％の未婚者はわずかに三・一％しかいない。日本社会は「稼げない男性は結婚できない」世の中になりつつある。

離別者については、未婚者ほどの差はないものの、

やはり学歴の低い、あるいは、収入の低い人ほど離別者が多い。ここから、階層上、不利な立場にいる男性は、そもそも結婚から排除されているのみならず、かりに結婚できたとしても、破綻する可能性も高いと言える。

女性については、未婚者と離別者で傾向は異なっており、未婚者は階層の両端にいくほど、つまり、中学校卒、大卒以上ほど多くなる。高学歴の女性については、結婚しないゆえ自立している、あるいは、自立可能な資源を有しているゆえに結婚しない、という二つの因果が考えられる。二〇一五年時点で四〇・五〇代の人に比べ、今後、大卒以上の女性の比率は確実に増えてゆく。彼女らの動向により、このグラフの形状もかなり変わることだろう。

離別者については、階層との関連を見出すことができる。すなわち、学歴の低い人ほど離別者が多くなる。とくに、中学校卒の離別者は二一・三%とかなり多い。分析対象世代の離別女性には、母子家庭も多く含まれている。母子家庭の貧困状況については、数多くの研究で報告されている。(7)こうした事実に鑑みると、中学校卒女性の離別者比率の高さは看過できない。

まとめると、結婚というカップル形態は、男性の稼ぎ主役割を期待して成立する傾向があるため、その役割を全うしうる資源の少ない人びとを結婚市場から閉め出してゆく。結果として、彼ら・彼女らは自信を失い、自らの承認を毀損させてゆく。この流れは第一章で見たとおりである。

それと同時に、結婚というカップル形態は、一見、未婚問題をクリアしたと見えるカップル（既婚カップル）にも二重底で排除の罠を仕掛けている。すなわち、階層的に「恵まれない」人たちほど、結婚から離脱する（離婚）リスクが高いのである。

4　つながり格差の実態2――同類的集団の形成

4-1　閉鎖的集団の形成

つながり格差については、自由選択の帰結としての上層の優越と下層の排除だけでなく、もう一つ検討すべき要素がある。それが同類結合である。私たちは、人びとと関係を結ぶにあたり、自らよりも少し上の人にあこがれると同時に、似通った性質をもつ人との関係を望む。こういった性向を同類結合（Homophily）とよぶ。同類結合の傾向は、地域を問わずいたるところに見られ、また、「同類」の基準も性別、年齢、民族など人口学的なもの、宗教、政治など個々人の信条にかかわるもの、学歴、職業的地位など獲得的資源にかかわるものなど多様である（McPherson et al. 2001）。

つながり格差を検討するに当たり、とくに重要なのが獲得的資源を通じた同類結合である。というのも、豊富な資源をもつ人の集積は、新たな身分集団の形成につながるからだ。ブルデュー（Bourdieu 1985）の指摘する社会関係資本は、まさにそのようなものである。彼は、諸資源を有する人びとの閉鎖的集団が固有の文化資本を育み、階層を再生産させる可能性を指摘した。これこそが「選択的関係」の主流化によりもたらされるもう一つの格差、閉鎖的集団の問題である。以下では婚姻を軸に、同類結合と格差について論じてゆこう。

4-2　学歴同類婚の推移

白波瀬（2008）が指摘するように、産業化の進展と業績主義の台頭は、家柄と無関係の当人の意思に基づく結婚を増やしてゆく。日本における「見合い結婚」の衰退と「恋愛結婚」の隆盛は、個人の意思を仲立ちとした結婚が増えていることを表している。

しかし、配偶者選択が個人の意思によりなされるようになったからといって、同類結合が緩むわけではない。かりに、人びとが自らにとって有用な資源をもつ人とのかかわりを選好するならば、人びとの付き合いの基準はより業績的なものに転じるだろう。「選択的関係」の主流化は、業績主義に基づく同類結合を助長し、それにより新たな格差をもたらす可能性もあるのだ。

白波瀬は一九八五年、一九九五年、二〇〇五年のSSM調査を用いて人びとの学歴同類婚の強さを明示した。同時に、高学歴カップルは、少ない子どもに多額の費用を投入し、子どもへの教育に熱心であることも明らかにした。これらの結果は業績主義的な同類婚が格差を助長する可能性のあることを示している。

しかしながら、白波瀬の分析は、同類婚の経年的な変化については、あまりふれていない。また、分析のカテゴリーも、短大卒と大卒を同じ「高学歴」カテゴリーに入れている点で現代的ではない。そこで、二〇一五年のSSMデータを用いて、一九五〇〜六九年、一九七〇年代、一九八〇年代、一九九〇年代、二〇〇〇年以降と結婚コーホートでサンプルを分け、学歴同類婚の傾向を見てみよう。表2-1がその結果である。

表2－1　本人学歴と配偶者学歴のクロス集計

			配偶者学歴				n
			中学校	高校	短大・高専・専門	大学以上	
本人学歴	中学校	1950〜1969年	63.4%	28.4%	5.0%	3.3%	483
		1970年代	50.6%	39.8%	7.7%	1.9%	261
		1980年代	40.4%	45.6%	12.3%	1.8%	57
		1990年代	32.4%	50.0%	17.6%	0.0%	34
		2000年以降	18.9%	60.4%	11.3%	9.4%	53
	高校	1950〜1969年	22.6%	56.6%	7.7%	13.1%	557
		1970年代	13.7%	63.4%	12.4%	10.5%	744
		1980年代	5.8%	63.7%	18.1%	12.4%	502
		1990年代	6.0%	58.4%	22.1%	13.5%	466
		2000年以降	5.9%	47.9%	28.6%	17.6%	507
	短大・高専・専門	1950〜1969年	8.2%	40.9%	10.0%	40.9%	110
		1970年代	4.9%	38.7%	12.3%	44.1%	204
		1980年代	2.3%	39.5%	16.7%	41.5%	258
		1990年代	4.3%	35.8%	24.8%	35.1%	282
		2000年以降	2.2%	32.6%	32.1%	33.0%	445
	大学以上	1950〜1969年	3.5%	44.2%	21.2%	31.0%	113
		1970年代	0.4%	31.3%	30.9%	37.4%	246
		1980年代	0.4%	22.9%	31.4%	45.4%	280
		1990年代	0.8%	16.3%	29.5%	53.5%	258
		2000年以降	1.4%	14.4%	29.0%	55.2%	513

この表2－1は本人の学歴を行、配偶者の学歴を列にとり、結婚コーホートごとの推移を見たものである。この表を見ると、大卒以上どうしの同類婚の高まりは明らかである。一九五〇～六九年に本人が大卒以上で配偶者も大卒以上の人は三一％しかいないが、二〇〇〇年以降は五五・二％にまで拡大している。本人中学卒、高校卒でも大卒以上と結婚した人の比率は増えているが、一九五〇～六九年からの増分は五％ていどにとどまる。また、本人短大・高専・専門卒で大卒以上の人と結婚した人の比率は、一九五〇～六九年四〇・九％、二〇〇〇年以降三三・〇％と減少傾向にある。本人短大・高専・

専門卒と配偶者大卒以上のクロス表の結果から、学歴の低い（短大卒）女性が学歴の高い（大卒以上）男性と結婚する上昇婚の回路が狭まり、大卒以上どうしの同類婚が拡大したことがわかる。

昨今の、女性の社会進出の流れにともない、女性の学歴は着実に高まっている。それにしたがい、大卒どうしの高学歴カップルの比率も増えている。白波瀬（2008）の述べるように、高学歴カップルに高い教育投資が見込まれるならば、高学歴カップルの増加は格差拡大に結びつくだろう。また、図２−５では、階層の高い人ほど離婚のリスクが低くとどまる傾向が確認された。以上の事実に鑑みると、結婚にいたる可能性に、階層によるスクリーニングがあるばかりでなく、結婚の内容も格差化していると言えよう。

４−３　共働きの推移

同類婚の影響は教育のみにとどまらない。というのも「女性の社会進出」は、女性の高学歴化のみならず、労働力化も引き起こすからだ。女性の労働力化にともない、夫婦の就業形態に応じた新たな格差が生じている可能性がある。これについて、先ほどと同じ二〇一五年ＳＳＭデータを用いて、配偶者（夫）の結婚時の就業形態と本人（妻）の結婚五年後の就業形態を一九五〇〜六九年、一九七〇年代、一九八〇年代、一九九〇年代、二〇〇〇年以降の結婚コーホートでクロス集計して見てみよう（表２−２）。

なお、クロス集計の対象を妻の結婚五年後としたのは、結婚を経た後も就業を継続しているか否

表2－2　夫結婚時職業と妻結婚5年後職業のクロス集計

			妻結婚5年後職業					n
			大規模フル	中小フル	非正規	自営	無職	
夫結婚時職業	大規模フル	1950～1969年	3.4%	7.2%	5.1%	7.2%	77.2%	237
		1970年代	5.5%	10.6%	5.9%	4.8%	73.3%	273
		1980年代	4.9%	10.7%	11.2%	4.5%	68.8%	224
		1990年代	8.2%	15.5%	11.4%	2.3%	62.6%	219
		2000年以降	12.3%	16.6%	13.9%	3.2%	54.0%	187
	中小フル	1950～1969年	1.0%	8.8%	12.4%	11.4%	66.3%	193
		1970年代	3.3%	15.8%	9.1%	7.7%	64.1%	209
		1980年代	5.0%	12.1%	16.1%	6.0%	60.8%	199
		1990年代	2.3%	14.7%	24.9%	4.5%	53.7%	177
		2000年以降	5.8%	20.7%	29.3%	3.8%	40.4%	208
	自営	1950～1969年	0.0%	7.1%	5.5%	53.3%	34.1%	182
		1970年代	2.5%	12.5%	6.7%	44.2%	34.2%	120
		1980年代	2.9%	12.9%	5.7%	37.1%	41.4%	70
		1990年代	2.7%	20.3%	16.2%	21.6%	39.2%	74
		2000年以降	5.8%	25.0%	13.5%	17.3%	38.5%	52

か確認するためである。(8)それぞれの仕事のカテゴリーは、大企業フル（企業規模三〇〇人以上または官公庁に勤める正規雇用）、中小企業フル（企業規模三〇〇人未満に勤める正規雇用）、非正規、自営業（自営業主、家族従業員、企業規模三〇〇人未満に勤める経営者・役員）、無職である。ただし、夫が非正規および無職のケースはほとんどないので、分析から予め除外した。

分析の結果、①大企業であれ、中小企業であれフルタイムどうしの正規雇用カップルが増えていること、②妻非正規の雇用形態が増えていること、③夫が雇用者の場合に限り妻無職が減っていること、④自営業のカップルが減っていること、が明らかになった。格差という観点でいえば、妻の就業が増えることで、それによる世帯の格差は着実に増えているはずである。とくに、大企業フルタイムや中小企業フルタイムどうしのカップルの増加は、結婚を通じた格差をさらに助長すると考えられる。

ここまでの分析結果をまとめると、「選択的関係」の主流化は、婚姻を通じて二段階の格差をもたらす。その第一段階として、まず、資源の量に応じて結婚できる人／できない人を選別し、つながりの格差をもたらす。次に、業績主義的な同類婚を通じて、カップル間の格差も拡大させる。これらの格差は新たな身分集団を形成すると同時に、排除者を生み出す可能性がある。

5 「選び、選ばれる関係」の不透明さと恐ろしさ

「選択的関係」が主流化するなか、私たちの人間関係は、「選び、選ばれる」行為を更新することで維持されるようになった。しかし、人が他者を選ぶ基準は、明確ではなく、私たちのコミュニケーションは不透明さを帯びてゆく。

結婚情報サービス企業が構築した婚活の場で展開されるコミュニケーションは、その典型である。安定的関係を求めて婚活に参入した多くの人びとは、「選ばれる」基準の不透明さに当惑を覚える。加えて、その場で数多くの拒否を経験した人は、承認を得られず、孤独感を強めてゆく。

では、このような経験は、多くの人に等しく起こりうるものなのだろうか。これについては、前者については「そうである」が、後者については「そうではない」と言える。つまり、選択化により不透明化したコミュニケーションへの当惑は多くの人が経験するものの、その後の〝選別〟によ

る承認の毀損は、不均等に配分される。

人びとの選択により成り立つ関係は、コミュニケーションの不透明さと同時に、もう一つの帰結をもたらす。すなわち、つながりの業績主義的選別を通じた格差化である。人びとが自らの必要性を軸に、関係を選ぶようになれば、相手の欲求を満たす資源をもつ人びとにつながりが集中し、そうした資源をもたない人びとは関係から排除される。量的データを用いた分析では、つながりの業績主義的選別の実態が明らかになった。

学歴や収入に恵まれる人は、友人関係が豊富かつ多様なうえ、孤立に陥るリスクも少なかった。婚姻についても同様であり、学歴や収入の高い男性ほど未婚者、離別者が少なく、学歴の高い女性は離別者が少なかった。加えて、同類結婚の分析から、つながりの業績主義的な選別を通じて、新たな身分集団が形成される可能性も見出された。その一方で、下層の人びとは分断され、つながるきっかけを見失っている。

「選択的関係」の主流化は、私たちの心に「選ばれない恐怖」を植え付け、つながり獲得の行動へと駆り立てる。その一方で、選択のなかに埋め込まれた〝選別性〟は、「選ばれる資源」をもたない人びとを振り落としてゆく。かくして恵まれない人ほど孤立の恐怖に取り込まれてゆくのである。

付記：本章においてＳＳＭ調査を利用した分析は、ＪＳＰＳ科研費特別推進研究事業（課題番号

25000001）にともなう成果の一つであり、本データ使用にあたっては二〇一五年SSM調査データ管理委員会の許可を得た。使用したデータは二〇一七年二月二七日版（バージョン〇七〇）である。また、『首都圏住民の仕事・生活と地域社会に関する調査』を利用した分析は、科研費基盤研究（A）「大都市部における格差拡大の進行過程とその社会的帰結に関する計量的研究」（課題番号15H01970　研究代表者：橋本健二）による成果の一部である。データの利用をお認めくださった先生方に記して謝意を表する。

注

（1）個人化を扱った代表的書籍『危険社会』（Beck 1986=1998）が出版されたのが一九八六年、ネットワーキングを扱った代表的書籍『ネットワーキング』（Lipnack and Stamps 1982=1984）が出版されたのが一九八二年である。

（2）二〇一五年SSM調査は、二〇一四年一二月末時点で二〇歳から七九歳の日本国籍をもつ男女を対象に実施した。有効回収数は七八一七票、有効回収率は五〇・一％である。『首都圏住民の仕事・生活と地域社会に関する調査』は、都心から半径六〇キロメートル内の社会地区分析の結果得られた一六の地域類型をもとに、五〇の地区から調査対象者を抽出した。調査対象の年齢は二〇歳から七〇歳である。調査期間は二〇一六年七月から一〇月、計画サンプル数は六〇〇〇人、転居と住所不明を除く有効サンプル数は五六三一人、有効回収数は二三五一人で、有効サンプル数ベースの回収率は四一・八％だった。

（3）第一章で提示した婚活は、その典型例である。

（4）ただし、多様性については、距離以外にもさまざまな測定尺度があるので、もう少し踏み込んだ分析が必要である。先行研究の結果を踏まえると、階層の高い人のほうが、自らのネットワークに含まれる人の世代、職種なども多様であると言われている。

（5）ただし、そういった場での共同性には、理不尽なルールや序列など、関係があるゆえの残酷さが含まれることもある。

（6）本書には掲載しないが、本章で孤立者と定義した人は、将来の生活について、「とても不安」な人が多く、全般的な幸福感については、「まったく幸せではない」と感じる人が多い。

（7）たとえば橋本（2016）を参照されたい。

（8）妻の無業化は結婚よりも、子どもの出産により引き起こされる（池田 2010）。したがって、二変数の一方を子どもの出産一年後とする分析方法も考えられた。しかし、出産を基準とした分析では、子どもを産まない夫婦は分析から除かれてしまう。現在の多様な夫婦形態を考慮するならば、子どものいない夫婦の除外は、格差を検討するうえで望ましくない。そこで、表2－2では、子どもを望む人の多くが出産をしているであろう結婚五年後を分析対象とした。なお、今回の分析は女性データのみ利用した。というのも、結婚や出産による職業的地位の変化は、通常、女性に起こりうると考えられるからだ。ＳＳＭ二〇一五データでは、配偶者については、結婚時の職業しかわからない。そのため、分析のさいには、配偶者の結婚時と本人の結婚五年後のデータを用いることになる。そうなると、妻が回答者でない限り、妻の結婚五年後の職業はわからない。以上の理由から、今回の分析では男性のデータを用いなかった。

第Ⅱ部　選ばせられる孤立

第三章　孤立と自己決定の危うい関係

1　孤立する自由と不安定化の狭間で

「選択的関係」が主流化した社会とは、関係の維持・形成において諸個人の意思が重視される社会、と表現することができる。誰と関係を結ぶか、構築された関係をどう管理してゆくのか、という決定は個人に委ねられる。しかしながら、すべての人が自己充足的に関係を構築できるわけではない。私たちは、「一人になる自由」を得ると同時に、「ずっと一人なのではないか」という不安を抱えるようになったのである。

こうした動きと軌を一にするように、孤立や孤独を問題視する報道が相次いでいる。なかでも孤立死[(1)]は、現代社会の病理として、脚光を浴びている。「一人になる自由」を確立した後に発生した孤立死は、私たちに「人との関わり方」を考える格好の材料を提供してくれる。本章は孤立および孤立死に焦点をあて、孤立と自己決定の問題について検討してゆく。

2　孤立死とその対策

まず、孤立死について簡単に説明しておこう。孤立死とは、誰も看取る人がいないなかでひっそりと迎える死を指している。しかしながら、明確な定義はなく、死後何日経過した事例を孤立死とするか、家族がいながらも放置されて死にいたった人は孤立死とはならないのか、など議論は収束していない。二〇一二年には一人暮らしではない親子などが死後数ヶ月経過して発見されたこともあり、何をもって孤立死とするか決めるのは難しい状況だ。しかしながら、「死」という客観的判断が容易な現象を対象としているため、長期的な統計さえ確保されていれば、あるていどの趨勢判断は可能である。

序章で確認したように、経年的な統計がとれているケースでは、その実数および率（総死亡数に占める孤立死数）は右肩上がりの傾向にある。また、今後予想される高齢化および単身世帯の増加から、孤立死はさらに増えると予測されている。以上の事実（予測）を念頭に、二〇〇〇年代半ばあたりから、孤立死予防にかんする事業が官民いずれにおいても活発になってきた。以下、官民における孤立死の予防策について簡単にまとめておこう。

政府が孤立死対策に本腰を入れ始めたのは、二〇〇七年（平成一九年度）の「孤立死防止推進事業」からである(2)。事業成立の契機として、松戸市の常盤平団地で「孤独死ゼロ作戦」を展開していた自治会長らが、二〇〇五年および二〇〇六年に当時の厚生労働大臣に陳情を行っている（中沢・淑徳大学孤独死研究会 2008）。

厚生労働省は同年の予算案として、一億七二九五万六〇〇〇円を計上し、関係省庁・学識経験者による推進会議の開催、都道府県、指定都市住民への普及啓発活動（孤立死ゼロ・モデル事業）を推進した(3)。具体的な取り組みとしては、支援活動としての相談窓口の設置・精神的ケア、啓発活動としての広報・シンポジウム、支援ネットワークの整備があげられる。つまり、孤立死のリスクが高い人の早期発見と、そうした人びとへの情報提供や心的サポートの体制を整えたのである。

民間企業の事例としては、松下電工が開発した「みまもりネット」システムがあげられる。「みまもりネット」(4)とは、独居高齢者の住居にセンサーを設置し、遠隔地から高齢者の状況を確認するシステムである。また、警備会社が提供する高齢者安否確認サービスも充実している。

地域でも独自の動きを模索しているところは多い。先ほどあげた常磐平団地では、「孤独死予防センター」が設置され、緊急連絡先を明記した「あんしん登録カード」の収集、ふれ合いの場としての「いきいきサロン」の開設、「福祉よろず相談」による相談事業、日々の見守り活動など、さまざまな活動が実践されている。また、NHKで二〇一〇年一月三一日に「無縁社会」報道がなされ、多くの人びとの反響をよんだことも記憶に新しい。これに東日本大震災が追い打ちを掛け、地域住民による人間関係の見直しの機運は確実に高まってきた。

こうした動きを振り返ると、孤立死のリスクを背負った人びとへの支援体制は着実に整えられつつあるように見える。しかし、実際には、孤立死の件数は減少にいたっていない。それどころか、従来〝孤立者〟と想定されてこなかった、複数人暮らしの死亡事例まで報告されるようになった(5)。そのため、政府は孤立死の防止対策の練り直しを余儀なくされた。二〇一二年には、情報の一元化、関係団体との連携強化、個人情報の取り扱い、地域づくりの推進等について言及した文書を各自治体および関係機関に配布している(6)。

この一連の現象は、日本社会が孤立死を問題視し、早急な対策を検討している事実を裏付けている。しかしながら、孤立死に問題を焦点化し、その対策に集中する姿勢は、自己決定が重視される社会において新たな問題を生み出す。そこで、次節では孤立死対策と自己決定のかかわりについてまとめよう。

3　孤立者を支援することの難しさ

孤立死に問題を焦点化し、その対策を検討するさいに必ず生じるのが、自己決定・個人の意思の尊重の問題である。そこで本節では孤立死にかんする問題がどのように、どのレベルで自己決定とかかわってくるのか検討しよう。

図３－２　孤立死対策の分類

３－１　孤立死問題とその対策

ひとくちに孤立死予防策といっても、自発的側面の強いものから監視的側面の強いものまでさまざまである。図３－２はそのまとめである。

自発的側面の強いものでは、孤立を防ぐための人間関係づくりや集まりの場所の提供、相談・情報を欲する人への窓口開設などがあげられる。これらは、システムの利用があくまで行為者の自発性に委ねられるものである。一方、監視的側面の強いのが、情報通信技術による検知システムなど、行為者の自発性と無関係に作動する可能性のあるシステムである。地域住民や地域包括支援センターの成員による見守り活動も、監視的側面の強い活動だと言えよう。緊急連絡網についても、「そこに加わらない」という言葉を発しづらい圧力がかかるため、やや監視的側面が強い。

さて、ここで必ず問題となるのが、〝監視的側面〟の強い活動をどこまで認めるのか――行為者による〝関与拒否〟の意向をどこまで認めるべきか――という線引きである。行為者への支援活動や見守り活動をするさいに、「それは余計なお世話」という言葉を耳にすることは多い。実際、政府もそのような状況を少なからず認識しており、『高齢者等が一人でも安心して暮らせるコミュニティづくり推進会議（「孤立死」ゼロを目指して）』報告書[7]（高齢者等が一人でも安心して暮らせるコミュニティづくり推進会議 2008）では、孤立死発生の一因として「支援を望まない単身者の増加」が指摘されている。

当然ながら自発的に支援を求める人の孤立死のリスクは低い。したがって、孤立死を防ぐにあたっての最大の課題は、かかわりを拒否する者への対処ということになる。これについて、孤立死の原因として近年注目されているセルフ・ネグレクトの議論を援用し、もう少し詳しく検討しよう。

3-2　拒否と介入の葛藤

セルフ・ネグレクトとは、「自分自身による自分自身へのネグレクト」（岸 2012：4）と言われ、明確な定義はまだ存在しない。簡単に言えば、自己の身体および衛生面において無関心な状態にあり、それが生命の危険におよぶ状況を指す。これらの人びとは他者からの援助・介入を拒否し、引きこもりがちになることから、孤立死との強い関連が指摘されている（ニッセイ基礎研究所 2011）。

このセルフ・ネグレクトについても、やはり自己決定と介入との間での葛藤が存在する。セルフ・ネグレクトについて内閣府と共同研究している岸恵美子は、人びとには「他の人から愚かな行為だと評価・判断されても、個人の領域に関する限り、邪魔されない自由」（岸 2012：132）、すなわち「愚行権」[8]が存在するとしつつも、その一方で、国民の健康を守る必要性から第三者の介入を是としている。しかし、そこでの介入は〝原則〟とされており、慎重な姿勢は崩していない。

同様の問題を検討している野村も、セルフ・ネグレクトに対する予防・介入措置の必要性を指摘しつつ、「常に自己決定の問題と背中合わせであるセルフ・ネグレクトにかんしては、倫理的な視点が欠かせない」（野村 2008：72）として明確な意見の表明を回避している。総括すると、個人主義の徹底していない日本では、「人権を守る」という観点から介入を是としたほうがよいという意見が強い（津村ほか 2006；岸 2012）。

一方、セルフ・ネグレクト研究の先進国であるアメリカでは、セルフ・ネグレクトが正常な判断力をもつ個人の自由意思に基づくものであれば、他者に迷惑のかからない限り介入の対象にはならないという姿勢をとっている（多々良 2004）。

自己決定に重きをおく社会において、個人の意思の尊重と介入の問題は避けて通れない。ではなぜ孤立死（セルフ・ネグレクト）の事例において、自己決定の問題が先鋭的に顕れるのだろうか。この点を検討することで、「選択的関係」が主流化した社会における自己決定の問題およびそれに付随する課題について考察してゆく。

4　孤立死をめぐる自己決定問題

4-1　自己決定の制約と許容性

(1) 類型化

諸個人の自己決定が議論の俎上にのせられるのは、自由意思をもつ個人の行為が、①共同体を含む他者の権利・利益を侵害するケース、あるいは、②当該個人の権利・利益を侵害するケースに大別される。このうち前者の「共同体を含む他者の権利・利益を侵害するケース」は、「侵害原理(他者危害原理)」と言われ、自己決定を制約する条件として第一にあげられる[9]。

孤立死において展開される自己決定論は、セルフ・ネグレクトの議論にも見られるように、援助の自己放棄と考えられることから、後者の視点で論じられることが多い。すなわち、自らを死にいたらしめる危険性をもつ孤立行為を是認するか否かという視点である。

ここでポイントとなるのが、先ほど岸も指摘したように、死にいたる危険性をもつ孤立現象を「他の人から愚かな行為だと評価・判断されても、個人の領域に関する限り、邪魔されない自由」(岸 2012：132)に入れられるか否かである。そこでまず最初に、自己の生命を侵害する危険性をもつ行為における自己決定の許容性について検討しよう。表3-1はそのまとめである。

自己の生命を侵害する危険性をもつ行為は、当該行為の実施・選択が死に直接的につながるもの

表3－1　自己決定の制約と許容性

関連性	行為の意味づけ	死のリスク	制約	許容性	行為例
直接的	当該行為の実施・選択が行為者の主義・信条あるいは他の目的によりなされたもの	高	多	○	宗教上の理由からの輸血拒否、競技生活継続のための治療拒否
	境界領域	高	多	△	安楽死、延命治療拒否
	当該行為の実施・選択が行為者の死を意図したもの	高	多	×	自殺
間接的	ライフスタイル	高	多	○	格闘技、登山、モータースポーツ
		低	少	○	飲酒、喫煙
	非ライフスタイル	－	多	×	シートベルト着用、ヘルメット着用

と、間接的につながるものに分けられる。前者の行為の典型としてあげられるのが、自らの生命を切断する行為、すなわち、自殺である。一方、後者の行為は、健康を損なう飲食物の摂取など多様である。

(2) 当該行為の実施・選択が死に直接的につながる決定

　当該行為の実施・選択が死に直接的につながる決定は、その行為の性質上、実施するさいの制約が多い。大抵の行為には、法的な禁止措置や規範による拘束が存在する。しかしながら、死に直接的につながる行為でも、その許容性は行為の意味づけによって異なる。

　かりにある行為が行為者の主義・信条の追求、他の目的の遂行のためになされたのであれば、その行為は、実施にあたり相談、承認などの高い制約を求められるものの、許容される可能性はある。競技活動の継続のために、癌の治療を拒否するスポーツ選手の決断や、宗教的信条による輸血拒否は、本人の権利として認められている(10)。

一方、ある行為が〝死ぬこと〟を目的としてなされたのであれば、その行為は容認されない。法的権利としての自己決定権を検討した山田卓生（1987）は、その制約条件として、他者危害原理に加え、生命保護をあげている。また、医療の領域でも、「自己加害の場合」は自己決定権が制約されると論じられている（北村・北村 2008：111）。こうした事実を裏付けるように、自己の生命を損なう行為の典型としての自殺は、行為自体が罪に問われることはないものの、決して容認されてはいない(11)。

二〇〇六年六月には「自殺対策基本法」が公布された。この法律は「自殺対策を総合的に推進して、自殺の防止を図り、あわせて自殺者の親族等に対する支援の充実を図り、もって国民が健康で生きがいを持って暮らすことのできる社会の実現に寄与すること」（自殺対策基本法第一条）を目的としている。ここから、自殺は犯罪ではないものの、国が関与して防ぐべき事項として定められていることがわかる。また、他者の自殺を手助けする行為は自殺幇助として禁じられている(12)。

当該行為の選択・実施が死に直接結びつく行為には、行為者の主義・信条の追求と捉えられ容認されやすいケースと、死の追求として容認されないケースの境界領域がある。延命治療の拒否や安楽死は、どちらも〝死ぬこと〟を意図した決断と考えられるが、前者のケースは尊厳死の観点から容認されやすく、後者のケースは生命尊重の原則から容認されにくい。日本では尊厳死に関する法律は未整備で、ようやく二〇〇七年五月に「終末期医療の決定プロセスに関するガイドライン」が厚生労働省から提示された（葛生ほか 2009）。

（3）当該行為の実施・選択が死に間接的につながる決定

当該行為の実施・選択が死に間接的につながるケースでは、ある行為の実践が諸個人のライフスタイルと見なされるものと、諸個人のライフスタイルと見なされないものがある。このうち後者は、法律などにより行為そのものが制約され、そこからの逸脱も容認されない。たとえば、ヘルメットやシートベルトは、死のリスクを軽減するものとして着用が義務づけられている[13]。

諸個人のライフスタイルと見なされる行為は、ライフスタイルの追求として、行為そのものは容認される。しかしながら、死のリスクの高さに応じて行為への制約は増してゆく。たとえば、格闘技やモータースポーツは死の危険性が高い。そのため、一定の資格や制限を設けることで、当該行為は規制されている。一方、飲酒や喫煙は上述の諸行為ほど生命との関連が明確ではないため、自己利益の侵害という範囲に限れば、目立った規制や制限は存在しない[14]。これらはあくまで趣味・嗜好の範疇で捉えられている。

4-2 孤立現象の二重性

以上のように、諸行為における自己決定の制約と許容性を整理したうえで、孤立および孤立死に

表3－2　自己決定の議論における孤立の二重性

関連性	行為の意味づけ	死のリスク	制約	許容性	孤立との関わり
直接的	当該行為の実施・選択が行為者の主義・信条あるいは他の目的によりなされたもの	高	多	○	
	境界領域	高	多	△	孤立死の文脈における「孤立」
	当該行為の実施・選択が行為者の死を意図したもの	高	多	×	
間接的	ライフスタイル	高	多	○	
		低	少	○	一般的な社会現象としての「孤立」
	非ライフスタイル	－	多	×	

ついて検討してみよう。すると、孤立現象の特異性に気付く。というのも、孤立現象は、二重の視点から語られているからだ（表3－2）。

孤立死の文脈で語られる「孤立」は、当該行為と死を直接的に結びつけた文脈で語られる。すなわち、死に結びつく自己放棄として孤立を捉える。だからこそ、そこへの介入は是とされ、孤立現象への許容度も低い。先に示した岸の「意図的か意図的でないかを問わず、生命や健康が損なわれている状態にあれば、介入することを原則とすべきでしょう」（岸 2012: 136）という言葉には、この傾向が顕著に表われている。孤立死を「緩慢な自殺」と捉える額田（1999）の視点も同様である。

一方、通常の社会現象としての「孤立」は、諸個人のライフスタイルの一つと捉えられる。また、とりたてて死のリスクが高い行為でもない。したがって、孤立行為を選択するにあたり、制約は少なく、許容性も高い。「選択的関係」が主流化した日本社会において、最終的につながりに包摂されるか否かという選択は、私的領域である親密圏の問題として、諸個人の意思に委ねられているのである。

そうなると孤立者への介入は、それを否定する人から見れば〝余計なお世話〟以外のなにものでもない。たとえば、上野千鶴子はその著書『おひとりさまの老後』のなかで以下のように述べている。

高齢者のひとり暮らしを、「おさみしいでしょうに」と言うのは、もうやめにしたほうがよい。とりわけ、本人がそのライフスタイルを選んでいる場合には、まったくよけいなお世話というものだ。（上野 2007：43）

孤立を選択的ライフスタイルの一つとして位置づけると、介入の姿勢は極端に及び腰になる。たとえば、単身社会の急増に警鐘を鳴らし、その方策を検討している藤森は以下のように述べている。

プライバシーを尊重することは大前提であるし、交流や支援が強制になってはいけない。このため、社会的孤立に陥っているが交流を望まない単身者に対して、いかにして支援の手を届けるかという点が問題になっている。（藤森 2010：178）

以上の議論をまとめると、孤立と自己決定の問題には、孤立は諸個人の自由なのだが、孤立死は介入して防ぐべきだ、というねじ曲がった構図が存在することがわかる。「選択的関係」が主流化した社会において、諸個人のライフスタイルとして尊重される孤立は、それが死に近いと判断されうるときに、介入の対象へと変化を遂げるのだ。

そうすると次の疑問が生じてくる。すなわち、ある孤立が生命を脅かし、別の孤立は生命を脅かさないと判断する基準——介入の基準——は何なのだろうか、という疑問である。この疑問は、「選択的関係」が主流化した社会における、自己決定の領域の再検討につながる。そこで以下では、現時点での孤立死対策を敷衍し、それが自己決定といかなる関係にあるのか、自己決定論に対しどのような問題を投げかけるのか議論しよう。

5　孤立と自己決定の複雑な関わり

5-1　介入の分水嶺

まず、孤立死対策の方向性を確認しておこう。先に指摘したように、孤立死と介入の問題は、行為者による自らの権利・利益の侵害の予防という観点から論じられている。『報告書』でも、「今後「孤立生活」が一般的なものとなる中で、人の尊厳を傷つけるような悲惨な「孤立死」（つまり、社会から「孤立」した結果、死後、長期間放置されるような「孤立死」が発生しないようにする必要がある」（高齢者等が一人でも安心して暮らせるコミュニティづくり推進会議 2008：11）として、孤立死対策の必要性が指摘されている。

この「尊厳を傷つけるような」「悲惨な」「孤立死」という言葉は、『報告書』においてその後も繰り返し登場する。ここからも、孤立死対策が、諸個人の尊厳回復という人権的な視座に立って推進されていることがわかる。しかし、介入の拒否者への包摂対策については、行政の限界性を釈明したうえで、努力目標程度のスローガンしか出せていない[15]。実際に、これを受けた地域包括支援センターからは、理念ばかりで「こうすればよい」という具体案がないという批判が出ている。私が二〇一二年四月から五月に行った地域包括支援センターへの聞き取り調査の結果を見てほしい[16]。

行政は孤立に対して「何かやってくれ」とは言うんですが、具体的なことは言ってくれません。こちらも何をしたらよいのかわからないんです。ですから、問題が起きたら支援するということになってしまいます。（S地域包括支援センター）

つながりづくりの、「仕掛け」はまだあまりできていません。社協と支援センターで協力していかなくてはいけないんですが、そこまで手がなかなか回りません。啓発と個別相談に時間が割かれる上に、虐待への危機介入、介護保険の相談もあるので地域づくりに一緒に入るところまでは時間がないんですよ。団体のないところにまで（つながりづくり）の働きかけはできていませんね。啓発の一環として話はするんですが、具体的にどうやっていくかというところまで参画していくことまではできてません。社協が中心にやるべきと思っています。言ってきてくれないところをどうするかが問題ですね。（TC地域包括支援センター）

国は「地域づくり」など曖昧な命題を出してきます。地域作りといっても具体的なものがありません。「いつまでもそこで暮らし続けられるような地域」といっても、それは当たり前のことで具体的な話がありません。決定すると責任を伴うから抽象的な表現しかしないんでしょうか？（M地域包括支援センター）

市が旗振りをして何かをすることは、まずありません。関係づくりは支援センターが前線に立ってやってくださいと言われています。実態を知っている現場と、理想が高くなりがちな市・都・国。公費が減るなか、国は「地域の支え合い」と言いますけど、住民は自助より公助を使おうとするのが現実です。（W地域包括支援センター）

これらの言葉は〝関係づくり〟に対する現場の混乱を物語っている。しかしながら、そうしている間にも孤立死の数は増え続けている（図序－6①②）。このような状況に鑑み、政府は最近になって監視的側面での対応強化を打ち出してきた。二〇一二年五月一一日に厚生労働省が報道関係者に公開した『二〇一二年文書』では、孤立死の早期発見の方策に多くが割かれている。具体的には、個人情報の取り扱いについて自治体に通達し、個人情報も生命や財産に危機がおよぶ非常時においては開示できることを周知した。さらに、各部局における連繋の徹底、迅速な情報伝達による状況把握の必要性についても確認されている。

『二〇一二年文書』は、時間がかかり実効性も明確ではない関係づくりよりも、対症療法的な〝監視〟〝発見〟に重点をおいた方策に、政府が転換しつつあることを示している。その背後には、孤立を自己決定と是認しつつも、孤立死は根絶すべき対象だとするねじれ構造のなかでの舵取りの難しさが透けて見える。

しかしながら、このような姿勢は介入拒否者の尊厳および孤立における自己決定の妥当性という二つの点で問題を孕む。そこで以下ではそれぞれの問題について検討してゆこう。

5-2 介入拒否者の尊厳

監視的側面の孤立死対策は孤立死した人、あるいは部屋で動けなくなった孤立死予備軍にあたる人の早期発見を企図したシステムである。見守り隊の巡回活動、電気・ガス・水道業者の連繫などは、いずれも早期発見に重点をおいている。情報通信環境が整備されれば、監視を通じて孤立死を根絶することも、いずれ可能となるだろう。

しかし、介入を拒否してきた人が、監視的側面による孤立死予防の〝支援〟を受けて、半強制的に生き長らえることは、個々人の尊厳の回復につながっているのだろうか。毎日の事務的な訪問に一声だけ発して孤立死を免れる、あるいは、毎日一度何らかの電子的信号を発信することで生存を知らせて生き長らえる。こういった状況は尊厳の保たれた生活とは言えまい。

諸個人の自己決定を金科玉条とする社会では、他者——および自己の生命——への危害をともなわない決定の尊重こそが、行為者の尊厳の確保と見なされる。しかし、孤立―孤立死問題は自己決定の問題と複雑に絡まり合う。すなわち、孤立は保障されるべき権利と見なされる一方で、孤立死は介入すべき対象と見なされる。とはいえ、「死にいたる危険性をもつ孤立」と「権利としての孤立」を事前に区分して対応するのは不可能である。結果として孤立死対策は、自己決定権の最大限の尊重と引き替えに、監視的側面での対策を強めてきたのである。言い換えると、生前の関係性については介入の対象外におき――自己決定の範疇にとどめ――死のみを介入の対象に定めてきたのである。

しかし、あまねく孤立現象を自己決定により方向付けられた尊厳の確保と見なす姿勢は、あまりにも自己決定を絶対視しすぎている(17)。というのも、自己決定の正当性は、ちょっとしたことで動揺するほど脆弱なものだからだ。そこで次に、孤立問題における自己決定の正当性について議論し、孤立者の尊厳の問題をさらに追究しよう。

5-3　孤立における自己決定

人びとが自己の利益を侵害する決定を行うさいに重視されるのが、その決定が他者の利益を侵害するか否か、その決定が自己の生命を損なう恐れが高いか否か、であった。しかしながら、上述の決断を下すにあたってはもう一つ重要な要素が入る。それは、当該の決定を下す行為者が〝正常な判断力〟を備えているか否かである(18)。

かりに〝正常な判断力〟を備えていないと判断されうる人が、自己の利益を損なう決定を行った場合には、そこへの介入は是とされるケースもある。たとえば精神障害者は、「要保護者として、本人の意思を無視した措置が正当とされうる」（山田 1987：277）[19]。また、成年の知的障害者や精神障害者、認知症患者は、民法第九条以下の法定後見制度に基づいて介入を是とされることもある。しかしながら、認知症例であっても「現行の法制度ではただちに介入することは困難」（野村 2008：70）だと考えられている。

知的障害者や精神障害者、認知症患者の自己決定と介入の問題も重要だが、以下では、これらの症例に当てはまらない、いわゆる〝正常な判断力を備えている〟と見なされる人たちの孤立と自己決定の問題について検討しよう。

精神障害や認知症を患っている人を除いたうえで、孤立や孤立死にいたる可能性の高い人を見てみると、経済的資源や人的資源に恵まれない人および男性が多くを占める（野村 2008; 石田 2011; 岸 2012; 本書第二章）。これらの人びとの孤立の自己決定は〝正常な判断〟のうえで行われたゆえ、尊重すべきと考えられるだろうか。

一般的な見方をすれば、諸資源に恵まれないからといって、あるいは男性だからといって、その人たちの判断力が〝正常ではない〟と見なすのは困難であろう。そのような見方は、当該の層を占める人びとに対する差別につながるからだ。しかし、諸個人の意思決定を左右する社会構造的要因まで考慮すると、個人の決定の〝正常さ〟は、そう容易に判定し得ないことに気付く。というのも、自身の境遇が、諸資源に恵まれない人や男性に「人との関係はわずらわしい」と言わしめた可能性もあるからだ。

第二章でも指摘したように、孤立者は、経済的資源や人的資源に恵まれない人が多い。失業→離婚→ホームレスのように排除が連鎖することは、社会的排除の研究では、もはや常識と言ってよい。諸資源に恵まれない人生を歩んできた人が、世の中に失望し、援助をもらっても仕方ないと考えるようになったとしたら、果たしてそれは〝正常な判断に基づいた〟自己決定による〝援助拒否〟と言えるだろうか。

同じことは男性にも当てはまる。男性がもともと関係的資源に恵まれないことは、さまざまな研究で指摘されている（たとえば石田 2011）。その原因としてあげられるのが性別役割分業システムである。男性に競争社会＝企業で勝ち抜く強さを求める性別役割分業システムは、彼らから弱さの表出や援助の表明といった手段を奪ってしまう。その結果、彼らは高い孤立のリスクにさらされる。[20]関係からの忌避が性役割構造に埋め込まれているとしたら、果たしてそれは〝正常な判断〟による自己決定と言えるのだろうか。

近年の自己決定（権）にかんする論考において指摘されるように、自己決定はきわめて社会的な概念である。[21]人は真空状態で世の中に存在するわけではない。したがって、「決定しないこと」を含めて諸個人の物事に対する決断は、彼ら・彼女らのおかれているさまざまな状況に規定される。自己決定の原理を絶対視しすぎると、自己決定の社会性は無視され、多くの決定があたかも真空状態でなされたかのような錯覚が引き起こされる。この錯覚は、諸個人にもたらされるさまざまな帰結は自己決定により導かれたものであり、その責任は決定の主体である自身が取らなければならない、という新たな錯覚を呼び込む。

しかしながら、人は遭遇するすべての局面で、行動を選択決定しながら人生を歩んでいるわけではない。むしろ、流れに任せていたらいつの間にかそうなっていたということもあるだろう。人生の指針の提示を指向した「キャリア・デザイン」研究でも、節目において決断し、その後安定して流されてゆくキャリアが推奨されているほどだ（金井 2002）。

自己決定の原理には、そのような隙間を許容せず、人生のすべてを選択―決定のプロセスで解釈し、現状を自己決定の帰結＝自己責任と捉える側面がある。そうなると、弱者に現状を甘受させ、強者に弱者の状況から目をそらせる装置として働いてしまう。つまり、自己決定の原理はブルデュー（Bourdieu 1979=1990）の述べる「象徴的支配」の道具として働く危険性があるのである。(22)

以上の事実に鑑みると、孤立を自己決定の産物と見なす姿勢は、人間の尊厳の確保どころか、特定の属性の人びとの社会的排除につながる危険を孕んでいる。したがって、私たちが人間の尊厳という観点から孤立死を縮小させたいと考えるならば、孤立をも自己決定・自己責任の問題として解消させる現代社会の仕組みにもっと目を向けなければならない。そうすることによって初めて、監視的側面での対応を超えた孤立死対策が見えてくるはずである。

6　孤立死問題への対応と善き社会に向けて

近代社会の誕生とともに、私たちは、自らのことを自らで管理・決定し、人生を切り開いてゆく自律的な主体の形成を目指してきた。そこに物的豊かさが加わり、私たちはさまざまな物事を選択し、決定する自由を手にした。しかし、この自己決定に対して疑問が呈されるようになった。葛生らは、自己決定（権）に対する批判を、①行為に対する倫理的正当化、②いのちの商品化、③強者の論理の押しつけ、④他者との関係性の喪失の四点にまとめ、自己決定権の思想は「過大評価され、絶対化された段階」（葛生ほか 2009：11）から「新しい段階」に入ったと指摘した。

本章では、孤立および孤立死を題材としながら自己決定の問題を扱ってきた。そこに見られたのは自己決定の原理の限界性であった。諸個人の自己決定に重きをおく政府は、〝人間の尊厳〟の回復を名目としつつも、パターナリスティックな介入に及び腰となり、死の予防または早期発見に焦点を絞った対策に収束していった。一方、自己決定権を過剰に賦与された個人は、社会構造的な影響から目を背け、孤立も選択の結果＝自己責任として回収していた。このような状況が生み出されたのは、自己決定の概念そのものに潜む矛盾にある。そこで最後に、自己決定概念のもつ矛盾について検討し、今後の方策を議論しよう。

6−1　自己決定概念に潜む矛盾

前節でも示したように、自己決定概念は社会的性質をもつ。そのため、決定を下す主体としての自己は、自らの属する社会からの影響を避けられない。このことはつまり、特定の属性をもつ人や特定の境遇にいる人が、利得の低い決定を下す可能性があることを示している。したがって、自己決定の公平性を保つためには、決定を下す当事者を取り巻く社会の状況を統制する――決定に対する社会の影響を排除する――必要がある。

社会状況の多元性を考えれば、〝社会状況を完璧に統制する〟という発想は、荒唐無稽である。しかし、自己決定を万人に受け入れられる思想としたいならば、そこに潜む不公平さは可能な限り取り除かれるべきである。そうでなければ、〝自己決定は強者の論理だ〟という批判は避けられない。とはいえ、そうなると今度は、自己決定を行うにあたりもう一つ重要な要素である〝自由〟が阻害されてしまう。自己決定を調整する規制が増えるからだ。

そのように考えると、自己決定概念は、決定の公平さを担保する社会条件を整えるほど、決定者の自由を阻害する矛盾を抱えていることがわかる。このような葛藤に苛まれながら、私たちは社会の統制を弱める方向で自己決定の領域を拡大してきた。そうしたなか、孤立は自己決定の帰結として甘受され、孤立死のみ管理される状況が生まれたのである。では、私たちはこの事態にどう対応すればよいのだろうか。

6-2 孤立——孤立死問題への対応

孤立（死）への対応には直接的な介入と間接的な介入の二つがある。直接介入とは、人びとの人間関係に直接関与する方策であり、これは環境的直接介入と、内面的直接介入にさらに分けることができる。まず、環境的直接介入から検討してゆこう。

(1) 環境的直接介入

環境的直接介入とは、行為者に関係形成についての選択的誘因を与え、固有の人間関係を形成するよう動機づける手法である。これには、正の動機付けによる方法と負の動機付けによる方法の二種類がある。このうち、負の動機付けによる環境的直接介入は、関係への参加を外部的拘束や罰則により義務づけることで、包摂を強制化するものである。したがって、介入の度合いは最も強い。しかし、このような介入方法は、何らかの差別構造の叢生、関係の軋轢問題の発生、人権侵害の危険性が大きいため実質的には不可能だろう。

正の動機付けによる環境的直接介入は、プラスの選択的誘因を設けて、特定の人間関係を形成するよう誘導する方法である。この方法は、関係形成の有無についての自己決定の余地が存在するため、負の動機付けによるものほど介入の度合いは強くない。子どもを生んだことによる手当の支給や婚姻関係を結ぶことによる税制の優遇など、実際に運用されている制度も多い。しかしながら、特定の関係の優遇という点での批判は免れない。

孤立—孤立死予防という観点に立てば、正の動機付けによる環境的直接介入をどのような形で、どのていどまで行うかというのは論点の一つだろう。

（2）内面的直接介入

内面的直接介入は、決定すべき自己の内面への働きかけである。政治哲学にかんする一連の議論は、〝自己決定の社会性〟を考慮に入れた解決法を提示している。たとえば、仲正昌樹は自己決定自体が社会的な概念であることを指摘したうえで、自己決定の公平性を保つ方策として、「「決定」する主体としての「自己」を〝自分〟で「決定」することのできる「権利」」（仲正 2003：187）を主張している。彼の主張の鍵概念としてあげられたのがドゥルシラ・コーネルの述べる「イマジナリーな領域」である。

「イマジナリーな領域」とは、「「他者」たちとの相互関係の中で、「他者」たちを「鏡」としながら「自己」が形成されていく領域である」（仲正 2003：183）[23]。この「「イマジナリーな領域」をもう一度作り直し、「自己」を「再想像」していく作業を、周囲の他者たちから助けてもらう権利」（仲正 2003：187）によって自己決定による不公平性は是正されるとしている。

自己決定概念の社会的性質に配慮しつつ「イマジナリーな領域を再想像する権利」は、確かに、自己決定の公平性の確保に寄与しよう。行為者に〝より納得のゆく〟範囲での決定機会を与えるからだ。しかし、本章で扱った孤立および孤立死の事例で、イマジナリーな領域を再想像するのは非常に難しい。というのも、孤立死の原因である孤立の要因は多様であり、孤立にいたる決定を下す時期も明確ではないからだ。そもそも孤立者が〝孤立する決定〟を下しているのかどうかも疑わしい。

仲正も述べるように「イマジナリーな領域」を「再想像」するには、「どういう場面での「自己」が問題になっているのか「状況設定」を可能な限り明確にしたうえで、そうした〝自己〟を拘束している所与の関係性を捉え直す機会」（仲正 2003：192）が重要である。この手法は、仲正が本文中にあげる治療方法や進路の決定のさいには有効かもしれない。

しかし、先にも述べたように孤立の契機が明確なことは稀である。もしかりにわかったとしても決断の前に「イマジナリーな領域」を「再想像」する機会を作ることは、まず不可能だろう。つまり、「イマジナリーな領域を再想像する権利」が有効なのは、決定の対象および時期が明確な事例に限られる。

また、決定の対象および時期が明確な事例であっても、「イマジナリーな領域を再想像する権利」の行使については、義務とすべきか自己決定とすべきか議論の分かれるところである。もし「イマジナリーな領域を再想像する権利」の行使が自己決定に委ねられるならば、結局、声を上げない人の声は〝権利を利用しない決定〟として黙殺されてしまう。その一方で、権利の行使を義務とすれば、パターナリスティックな介入という批判は免れない。

さらに、「イマジナリーな領域」を「再想像」する「周囲の他者たち」についても、明確な人物像を確定するのは難しい。実際、再想像を助けてくれる人物の選定を誤れば、行為者の自己決定は却ってマイナスに誘導される危険性もある。そうなると、「決定」を下す助けとなる人物を「決定」するさいの……といった形で議論は無限後退する。

以上の事実に鑑みると、内面的直接介入により孤立—孤立死問題を解消することは難しい。

(3) 間接介入

間接介入は孤立の社会的要因にはたらきかけることで、孤立—孤立死問題の解消に間接的に寄与する手法である。たとえば、経済格差が孤立の要因となっているならば、格差の是正を通じて、孤立—孤立死の問題は多少なりとも解消される。

この手法は間接的ゆえに、人間関係のあり方を固有の方向に導くわけではない。どちらかというと、人間関係の選択・決定についての公平性を保障する環境整備の方策である。かみ砕くと、「社会的に不利な条件は解消したのだから、どのような関係をつくるかは個人の決定に委ねる方策」と言えよう。

間接介入は孤立や孤立死のみを射程に絞った対策ではないが、社会問題の解消にも結びつくので比較的に受け入れられやすい方策と言えよう。

6-3　孤立――孤立死問題との対峙

ここまで見てくると、孤立―孤立死問題への対応は、諸個人による防衛策を除くと、正の動機付けによる環境的直接介入と間接介入しかないと言えよう。これらは、前者が特定の関係への包摂を促す社会の拘束力、後者が自己決定の公平性を保障する社会の調整力に対応する。以下、この二つの概念を使って、簡単に社会を類型化し、今後の方向性について検討してみよう。

特定の関係への包摂を促す社会の拘束力が強く、自己決定の公平性を保障する社会の調整力も強い社会とは、世の中にとって望ましい関係が特定および奨励され、そのような連帯を実現できる資源を多くの人がもちあわせた状況である。高度経済成長の流れに沿って格差が縮小するなか、私たちの多くが〝理想とする〟核家族世帯を目指し、実現した時期は、まさにこれにあたる。

反対に、特定の関係への包摂を促す社会の拘束力が弱く、自己決定の公平性を保障する社会の調整力も弱い社会では、孤立を含めどのような関係を結んでもよいが、どの関係を実現できるかという点については、諸個人の保有する資源により大きな格差が見られる。いかなる関係も実現可能と見せかけつつ、弱者の孤立死が散見される今の日本社会は、この状況に陥っていると言えよう。

特定の関係への包摂を促す社会の拘束力が強く、自己決定の公平性を保障する社会の調整力が弱い社会では、特定の関係への包摂圧力が強いうえに、どの関係に包摂されるかは明確に決まっている。近代以前の身分社会はこの類型に近似する。ただし、近代以前の身分社会は、負の動機付けによる環境的直接介入が強いことに留意されたい。

最後に、特定の関係への包摂を促す社会の拘束力が弱く、自己決定の公平性を保障する社会の調整力が強い社会とは、関係について多様な選択肢が用意され、かつ、多くの人が与えられた選択肢を実現する能力をもつ社会である。恐らく多くの日本人は、この社会を理想と見なすだろう。しかし、そのためには、格差をともなわずに自由選択を実現するという、いずれの社会も成し遂げたことのない課題が横たわる。

現実的につながりの再生を目指すならば、特定の関係への包摂を促す社会の拘束力が強く、自己決定の公平性を保障する社会の調整力も強い社会、あるいは、特定の関係への包摂を促す社会の拘束力が強く、自己決定の公平性を保障する社会の調整力が弱い社会となるだろう。

そのさいに注意しなければならないのは、関係性への（半）強制的包摂はどのていど可能か、という問題である。近代社会の成立以降、私たちは自立・自律した諸個人が形成する社会を目指してきた。それは、閉鎖的空間における半強制的な付き合いが縮減する過程でもあった。半強制的付き合いの縮小は、人びとに解放感を与えると同時に、鬼子として孤立―孤立死問題を産み落とした。自己決定を称揚する社会は、関係性への（半）強制的包摂と鋭く対立する。その姿勢は結果として、関係性の保障および再分配をどのように行うのか、という人間社会の根源とも言いうる問題を惹起する。この問題にどのような解を与えるかは、私たちがどのような社会を〝善い社会〟と見なすかにも影響されよう。

「選択的関係」が主流化する社会において、孤立はある意味必然である。序章で確認したように、二〇一五年の国勢調査では、二〇〇五年時点での予測を上回る速さで単身世帯比率が増えている。孤立死とその対策についての事例は、「私たちが他者とどのていど関わるべきか」という近代社会に特有の問題を改めて考えさせてくれる。

注

（1）孤立死は「孤独死」と表現することもあるが、最近の政府の動きにならい「孤立死」と表記することにした。したがって、本書における孤立死は孤独死と同義である。

（2）黒岩（2012）は孤立死（孤独死）が社会問題として取り上げられた時期を三つに分けている。第一期は高度経済成長の歪みが見られた一九七〇年代である。しかし、そこでの注目は長続きせずに介護問題に収斂されていった。再び孤立死問題に注目が集まるのは、阪神淡路大震災が発生した一九九五年である。黒岩はこれを第二期としている。この時期は、仮設住宅における孤立死に注目が集められた。第三期は二〇〇五年以降である。第二期は二〇〇五年九月二四日のＮＨＫスペシャル「ひとり団地の一室で」を契機として、団地の孤立死問題に注目が集められた。これが現在の孤立死の議論につながっている。この時期区分に対応する福祉政策については黒岩（2008）を、それよりもさらに以前に遡った新聞報道の歴史については小辻・小林（2011）を参照されたい。

（3）二〇〇七年度には、全国七八ヵ所のモデル自治体で「孤立死ゼロ・モデル事業」が行われた。

（4）電気、ガスなどインフラ提供を目的とした企業や移動体通信企業も同様の見守りサービスを行っている。

（5）二〇一二年一月には札幌市に住む四二歳の姉と四〇歳の妹の遺体が、同年二月にはさいたま市に住む六〇代男性、六〇代女性、三〇代男性の遺体および立川市に住む四五歳母と四歳男児の遺体が相次いで発見された。

（6）一連の文書は二〇一二年五月一一日に報道公開され、インターネットからも閲覧可能である（http://www.mhlw.go.jp/stf/houdou/2r9852000002aauc-att/2r9852000002aavt.pdf 二〇一二年八月一四日最終閲覧）。本章ではこの文書を『二〇一二年文書』とする。ちなみに同年七月三一日にも同様の文書が配信されている。

（7）この報告書もインターネットから閲覧可能である（http://www.mhlw.go.jp/houdou/2008/03/dl/h0328-8a.pdf 二〇一二年八月一四日最終閲覧）。本章では、この文書を『報告書』とする。

（8）これについて岸は以下のように述べている。「意図的であるかどうかを判断するのに時間がかかってしまうことで、高齢者の命を奪うことがあってはならないと思っています。そのためには、意図的か意図的でないかを問わず、生命や健康が損なわれている状態にあれば、介入することを原則とすべきでしょう。」（岸 2012：135–136）

（9）「侵害原理（他者危害原理）」はJ・S・ミルの『自由論』で展開され、今日でも自己決定概念の主流とされている（高橋隆雄 2001：小柳 2008）。また、生殖医療技術の進歩にともない、出産・妊娠中絶という自他の区別の難しい決定も論争の種となっている。

（10）前者の例として、プロゴルファーの杉原輝男さんは、癌治療を拒否して現役生活を続行した。後者の例で有名なのは、エホバの証人の輸血拒否裁判（最高裁平成一二年二月二九日判決）である。これについては、稲葉一人（2008）を参照されたい。

（11）自殺をめぐる諸説については立山（2002）を参照されたい。

（12）刑法第二〇二条には「人を教唆し若しくは幇助して自殺させ、又は人をその嘱託を受け若しくはその承諾を得て殺した者は、六月以上七年以下の懲役又は禁錮に処する。」と記されている。

（13）シートベルトやヘルメットの着用義務を検討した山田（1987）は、当該義務の妥当性について、①

着用の不便は僅かで着用しないことに積極的意味づけはない、②不着用の自由は、自由といってもきわめて些細なもので、干渉の弊害は少ない、③着用による事故予防は個人の不幸だけでなく公費負担も軽減する、という三点から認めている。ちなみに、ヘルメットの着用は、道路交通法第七一条の四において「大型自動二輪車又は普通自動二輪車の運転者は、乗車用ヘルメットをかぶらないで大型自動二輪車若しくは普通自動二輪車を運転し、又は乗車用ヘルメットをかぶらない者を乗車させて大型自動二輪車若しくは普通自動二輪車を運転してはならない。」二「原動機付自転車の運転者は、乗車用ヘルメットをかぶらないで原動機付自転車を運転してはならない。」と定められている。シートベルトについては、同法第七一条の三にて「自動車（大型自動二輪車及び普通自動二輪車を除く。以下この条において同じ。）の運転者は、道路運送車両法第三章及びこれに基づく命令の規定により当該自動車に備えなければならないこととされている座席ベルト（以下「座席ベルト」という。）を装着しないで自動車を運転してはならない。ただし、疾病のため座席ベルトを装着することが療養上適当でない者が自動車を運転するとき、緊急自動車の運転者が当該緊急自動車を運転するとき、その他政令で定めるやむを得ない理由があるときは、この限りでない。」と定められている。

(14) ただし、身体への負荷の大きい満二〇歳未満の飲酒、喫煙は禁止されている。また、喫煙については、煙を吸うことによる他人の利益の侵害という観点から、条例などにより制限が課されている。

(15)『報告書』には、「「孤立死」が発生すると、生活保護や地域福祉といった観点から、行政の対応が不十分ではなかったのかどうかが問われる場合が多い。しかし、行政において、支援を拒否する個人の意向を無視してまで介入することはそもそも困難が伴う。」（高齢者等が一人でも安心して暮らせるコミュニティづくり推進会議 2008：5）と釈明のような記述が寄せられている。その後、『報告書』では「孤立を望む人もけっして「孤立死」を望んでいることではないはずなので、本人への意識付けと、行政を含む地域社会における「孤立死」防止に向けた努力が求められる」や「支援を拒否し、周りとの関係を断ち切っていくタイプ（「孤独型」）の高齢者等を含めて、適度な世話焼き（おせっかい）が可能な人間関係をつくることには時間も要し、住民自らの努力も要するが、このような機運づくりに自治体や自治会も含めた地域社会自体も努力することが重要である」（高齢者等が一人でも安心して暮らせるコミュニティづくり推進会議 2008：12-13）と記述され、当事者間の〝努力〟が強調されている。

(16) この調査は、多摩市に設置されている六地点の地域包括支援センターの職員一〇名に対して行った。一回の聞き取り時間は一時間前後である。

(17) もっとも、死に焦点を絞った孤立対策には社会的損失の抑制という意味合いも込められている。孤立死問題は、その人道的な側面が強調されるものの、同時に社会的な損失についても言及されることが多い。『報告書』では、「無視できない「孤立死」の社会的コストの増大」（高齢者等が一人でも安心して暮らせるコミュニティづくり推進会議 2008：5）として、「後始末」のコスト、「地域に波風が立つ」コスト、「マンションなどの資産価値」へのコストをあげている。監視的側面の強い孤立死予防策は、孤立死の縮減に焦点を絞ることで、社会的損失の緩和に寄与しているのである。すなわち、後始末や資産価値への影響、残された親族・地域住民への心的負担の緩和に寄与しているのである。

(18) 自己決定権が認められるものとして、山田は、「「成熟した判断能力」をもつ者」（山田 1987：344）と指摘し、北村・北村は、「自律した判断能力を備えた成熟した個人」（北村・北村 2008：111）としている。

(19) 精神障害者に対する医療上の介入については、精神保健及び精神障害者福祉に関する法律二九条「都道府県知事は、第二十七条の規定による診察の結果、その診察を受けた者が精神障害者であり、且つ、医療及び保護のために入院させなければその精神障害のために自身を傷つけ又は他人に害を及ぼすおそれがあると認めたときは、本人及び関係者の同意がなくても、その者を国若しくは都道府県の設置した精神病院（精神病院以外の病院に設けられている精神病室を含む。以下同じ。）又は指定病院に入院させることができる。」二九条の二「前項の場合において都道府県知事がその者を入院させるには、二人以上の精神衛生鑑定医の診察を経て、その者が精神障害者であり、且つ、医療及び保護のために入院させなければその精神障害のために自身を傷つけ、又は他人に害を及ぼすおそれがあると認めることについて、各精神衛生鑑定医の診察の結果が一致した場合でなければならない。」三三条「精神病院の長は、診察の結果精神障害者であると診断した者につき、医療及び保護のため入院の必要があると認める場合において保護義務者の同意があるときは、本人の同意がなくてもその者を入院させることができる。」により認められている。

(20) 性別役割分業システムと関係性についての議論は伊藤（1996）を参照されたい。

(21) 仲正は、自己決定権の「根本的な問題として、各人の人格的あるいは身体的な「自己」が、他者たちとの関係性―社会的環境の中に組み込まれている」（仲正 2005：233）ことを指摘している。

(22) 「象徴的支配」とは、「自身の個人的利害に基づいた価値的序列を、他者に普遍的なものであるかのように誤認させ、それによって他者を被支配的地位へと「自発」的に追いやることで成立する支配である」（山本 2012：177）。ブルデューは「自由民主主義」政治システムにおける「個人的意見」の「棄権」にその傾向を見出している（Bourdieu 1979＝1990）。

(23) コーネル自身はイマジナリーな領域を「心（heart）の問題について深く思い悩んでいる性化された生き物としての私たちが、自らが誰であるかを判定し、表象することが許される心的・道徳的空間」（Cornell 1998＝2001：8）と述べている。

第四章　私たちの人間関係にひそむ象徴的支配

1　孤立を促す生活態度への着目

第三章で確認したように、孤立死を問題と捉える背景には、孤立を「死に結びつく自己放棄」と見なす考え方があった。しかし、この考え方には、根強い批判もつきまとう。たとえば、孤立と自己放棄や孤立死を強く結びつける考え方は、孤立そのものを避けるべき害悪のように仕立て上げ、「一人でいること」の価値を貶めてしまう、といった考え方はその典型である。(1)「一人でいること」を「ぼっち」と恐れる現代社会は、孤立に対して過敏に反応しすぎているのかもしれない。

とはいえ、この考えを容易に首肯することはできない。というのも、孤立する人びとの属性を確認すると、明らかに、特定の層（男性、低収入、低学歴）への偏りが見られるからだ。この傾向は、孤立現象が排除の一様態であることを示唆しており、孤立を自己決定の帰結として不干渉地帯におく姿勢に懐疑の目を向けさせる。もう少し踏み込んで言うと、人びとの「関係からの撤退」という選択に、人間関係にまつわる象徴的支配の存在を読み取ることもできる。

これまでの章で確認したように、「選択的関係」の主流化により、つながりには、離脱の気楽さとともに、選ばれる要件の自己充足という課題が背負わされた。人びとは、他者から選んでもらうために、相手の欲求を満たす資源を保持し、相手に損失を与えないよう行動しなければならない。これらの要件を満たせない人びとは、自己責任のもと、つながる人のいない現状を甘受させられる。かくして、資源をもたない「恵まれない層」のつながりからの自主撤退が成立する。

本章は、学歴や収入などの社会経済的地位の効果も踏まえつつ、個々人の生活態度に着目して孤立現象を分析してゆく。具体的には、自己への関心と当該の態度を涵養する生育環境に着目する。分析に用いるのは、『首都圏住民の仕事・生活と地域社会に関する調査』データである。

2　自己への関心と親による面倒見——分析モデルの提示

2-1　自己への関心（無関心）と孤立

孤立現象と密接にかかわる生活態度としてあげられるのが、自己への関心（無関心）である。第三章でも確認したように、自己への無関心を表すセルフ・ネグレクトの人びとは、自らの衛生状態や身体に対して無関心であるゆえに、「ゴミ屋敷」などの深刻な状況に陥りやすく、孤立もしやすい（岸 2012）。

そこで問題となるのが、自己に対する無関心の自己決定性である。セルフ・ネグレクトの人びとは、自ら選んで自己への無関心にいたったのだろうか。この問いに対して、アメリカでは、当事者＝自己の言説レベルの決定が重要視されているものの、社会状況の異なる日本では、同じルールでは対応できないと言われている（津村ほか 2006）。

実際のところ、行為者による自己への無関心の表明に対して、その妥当性を検討することは難しい。そこで本章では、孤立に対する自己の関心（無関心）の影響を検討すると同時に、自己に対する関心への社会経済的地位の影響を考慮することで、この問題に踏み込んでゆく。

かりに、自己への関心の高い人ほど孤立しておらず、かつ、社会経済的地位の高い人ほど、自己に対して高い関心を抱いているのであれば、孤立に対しては、生活態度レベルでの象徴的支配が存在すると考えられる。すなわち、高い地位についている人ほど、関係づくりに望ましい生活態度を身につけているのである。

2－2　親の世話の影響

個々人の生活態度と関連するであろう生育環境の影響は、親とのかかわりから検討する。発達研究や逸脱研究では、親との関係が、行為者のパーソナリティや態度を強く規定すると言われている。

たとえば、他者への愛着の形成は、早期の子どもと養育者との関係に強く規定される（永田 2002）。また、親への愛着が逸脱行動の抑止につながることも、逸脱研究で指摘されている（Hirschi 1969＝1995）。

これらの知見を踏まえると、人びとの対人関係にかんする態度は、幼少期の親との関わりに強く影響されると考えられる。そこで、本章では、幼少期の親による子（行為者）への面倒見が、子（行為者）の孤立および子（行為者）の自己関心にどのような影響を与えるのか分析する。さらに、幼少期の親による子への面倒見に対する、親の社会経済的地位の影響を明らかにする。これらの分析を通じて、生活態度レベルの象徴的支配の頑健性を確認する。

2-3 分析モデル

以上の議論を踏まえ、本章で行う分析を図式化すると、図4-1のようになる。この図には二つのポイントがある。

第一は白抜きの矢印である。「自己への関心（無関心）」から「孤立」に伸びる矢印は、孤立に対する個々人の生活態度の影響、「親による面倒見」から「孤立」への矢印は、孤立に対する生育環境の影響を表している。本章では、他の変数の効果を統制した多変量解析を通じて、生活態度と生育環境の孤立への効果を検討する。

生育環境については、個人の生活態度への影響を通じて、孤立に間接的に影響するかもしれない。

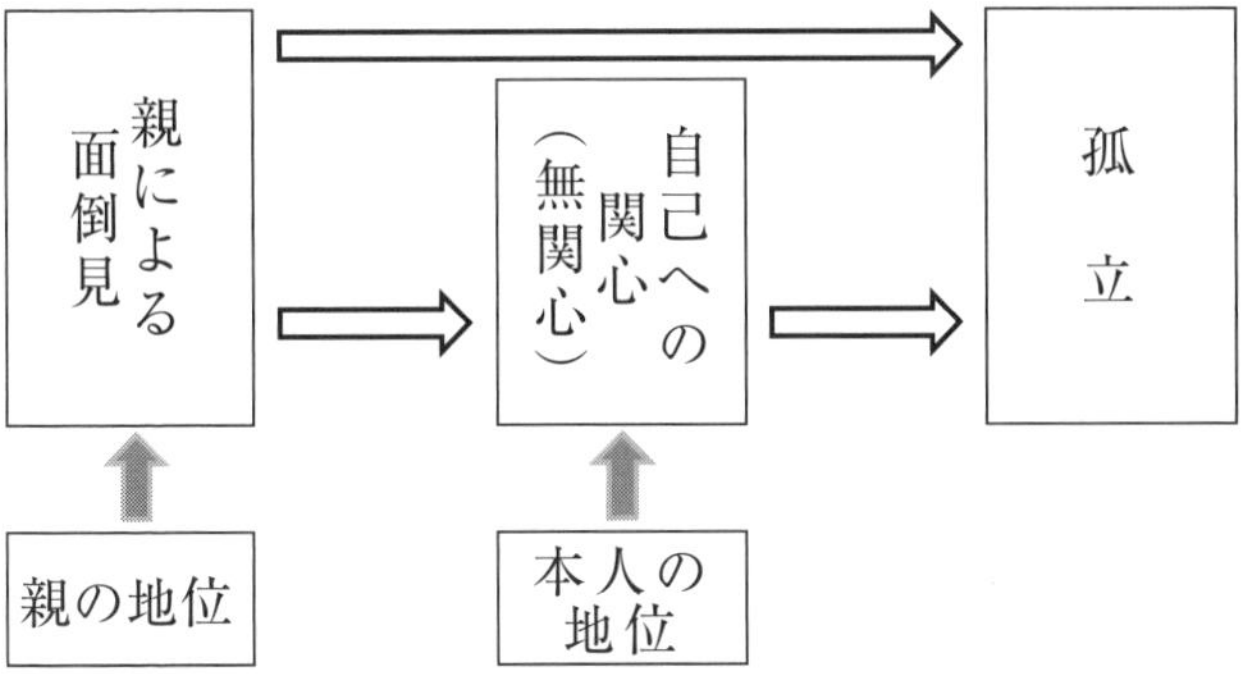

図４－１　本章の分析モデル

「親による面倒見」から「自己への関心（無関心）」への矢印は、生育環境の間接効果を表している。本書では、自己への関心を従属変数とした多変量解析により、生育環境の間接的影響を検討する。

分析の第二のポイントは、グレーの矢印である。この二つの矢印は、行為者の生活態度に対する社会経済的地位の影響、生育環境に対する親の地位の影響を表している。かりに、孤立に対して、人びとの生活態度、生育環境が影響し、かつ、それぞれの変数が、親または本人の社会経済的地位に強く規定されているとしよう。そうなると、社会的に恵まれた位置にいる人ほど、孤立を回避しうる生育環境に恵まれ、孤立を回避しうる生活態度を身につけていることになる。これは、まさに、孤立を避けうる文化資本を高階層の人が独占し、関係性における象徴的支配が存在することを表す。

3　分析に用いる変数

3－1　孤立、自己への関心、親による面倒見

分析に用いるのは以下の変数である。まず、主要な変数である、孤立、自己への関心、親による面倒見について説明しよう。

孤立については、第二章と同様に、「日ごろ親しくし、または頼りにしている友人・知人」の質問から特定する。「頼りにしている友人・知人」〇人の人が孤立者、それ以外は非孤立者である。全体では一七・七％が孤立している。

自己への関心は、健康にかんする生活習慣を尋ねた質問から測定する。(2) すなわち、「栄養バランスに気をつけている」「毎日朝食を食べている」「定期的に運動やスポーツ（ウォーキング、水泳など）を行っている」という項目に対し、それぞれ一「あてはまる」～五「まったくあてはまらない」の五件尺度で回答したデータを用いる。各項目は、「あてはまる」を五点、「まったくあてはまらない」を一点と点数化し、三項目の合計点から自身の身体に対する意識を測定した。合計得点の平均は一〇・四七である。

親による面倒見は、「小学校の低学年のころまで」の親との関わりから測定した。具体的には、「親が本を読み聞かせてくれた」「親が勉強を教えてくれた」「親に博物館や美術館へ連れて行って

もらった」「親に動物園や植物園へ連れて行ってもらった」「親に旅行へ連れて行ってもらった」の各項目について、体験ありを一点とし、合計点から親による世話の多さを測定した。平均値は二・五四とあまり高くない。

3-2 その他の変数

孤立、自己への関心、親による面倒見以外に用いる諸変数は、大別すると属性変数、社会経済的地位にかんする変数、幼少期の経験に分けられる。

属性は性別、年齢、婚姻形態である。性別は男性を〇、女性を一としたダミー変数である。年齢は実測値を用いる。婚姻形態は、既婚、未婚、離別、死別の四カテゴリーである。多変量解析を行うさいには、既婚を基準カテゴリーとして、それ以外のカテゴリーのダミー変数を投入した。

社会経済的地位は、本人と親それぞれについて測定した。本人については、最終学歴、現在の暮らし向きから特定した。最終学歴は、中学校卒、高校卒、短大・専門学校卒、大卒以上の四つのカテゴリーに分けている。多変量解析を行うさいには、中学校卒を基準カテゴリーとして分析した。暮らし向きは、現在の「お宅の暮らし向き」について、一「豊か」二「やや豊か」三「ふつう」四「やや貧しい」五「貧しい」の五段階で特定した質問への回答を用いる。分析に用いるさいには、五「豊か」〜一「貧しい」と数値を逆転し、得点化した(3)。

親の社会経済的地位については、父親の職業、父親の学歴、本人が中学三年時の暮らし向きから特定した。父親の職業は、管理職、専門職を一、それ以外を〇としたダミー変数である。父親の学歴は、中学校卒、高校卒、短大・専門学校卒、大卒以上の四つのカテゴリーに分けた。多変量解析のさいには、中学校卒を基準カテゴリーとしたダミー変数を用いた。中学三年時の暮らし向きは、現在の暮らし向き同様に、五「豊か」〜一「貧しい」と数値を逆転し、得点化した。

本人の社会経済的地位は、孤立および自己への関心を従属変数とした分析に用い、親の社会経済的地位は、親の面倒見を従属変数とした分析に用いる。(4)

幼少期の経験は、両親の離婚、いじめ経験から測定した。これらの経験は、自己への関心を切り下げ、孤立に影響を与えると考えられる。両親の離婚といじめ経験は、なし〇、あり一としたダミー変数である。それぞれ「中学校を卒業するまでの間」の経験について尋ねた質問から特定した。

4 自己への関心、親による面倒見は孤立と関連するのか——計量的分析

4-1 孤立と自己への関心、親による面倒見

(1) 分布の確認

まず、自己への関心の低い人、親にあまり面倒を見てもらわなかった人は、孤立する傾向が強いのか確認してみよう。図4-2は、頼りにできる友人がいない人、いる人の間で、栄養バランスに気をつけている」「毎日朝食を食べている」「定期的に運動やスポーツ(ウォーキング、水泳など)を

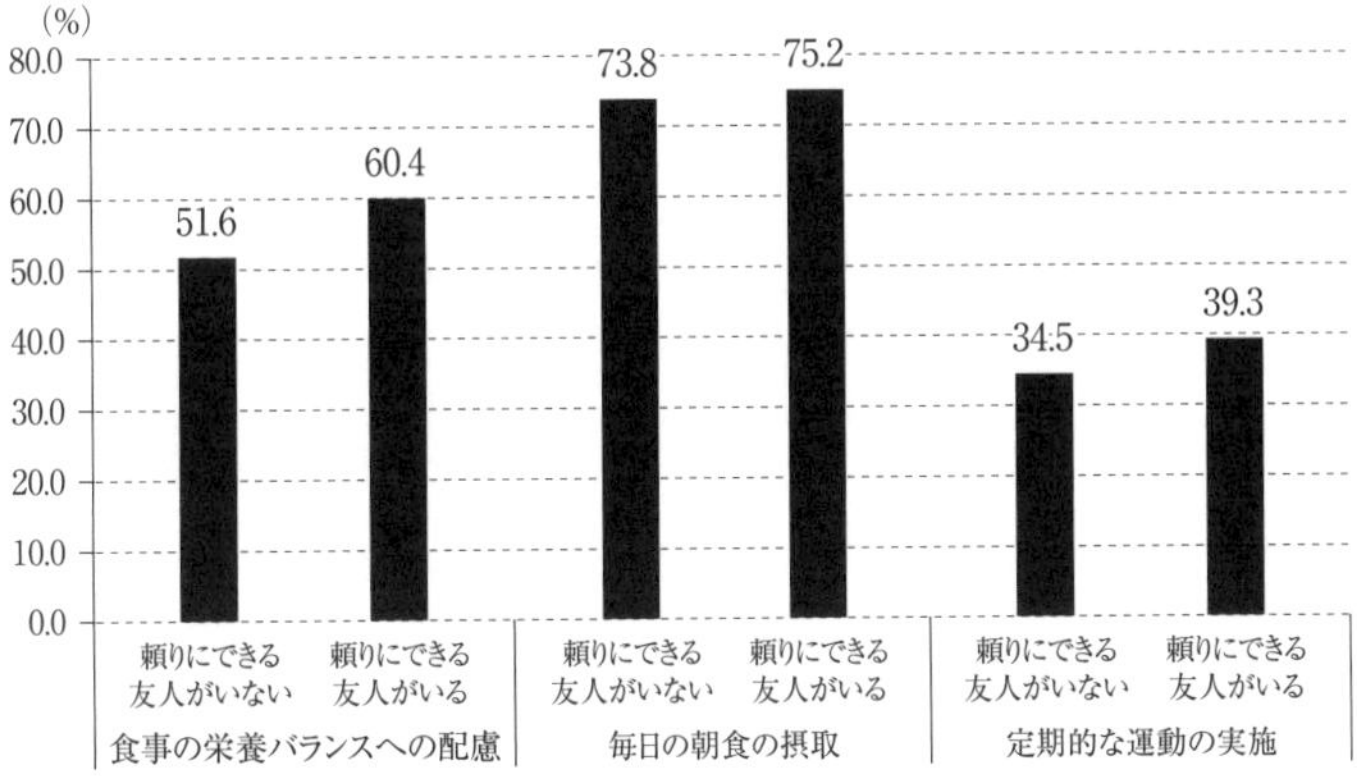

図４－２　孤立・非孤立と自己の身体への関心

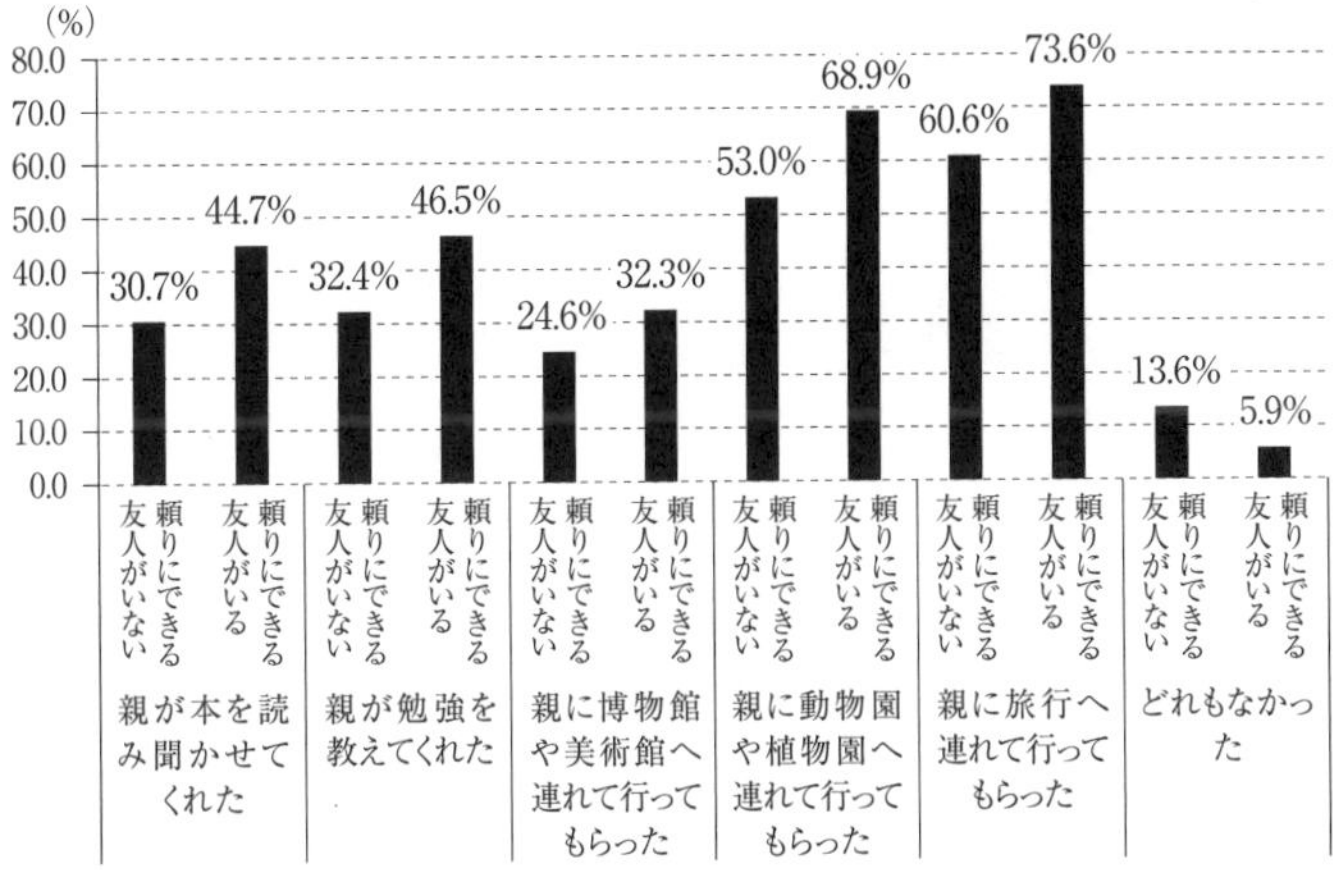

図４－３　孤立・非孤立と幼少期の経験

行っている」の各項目に「あてはまる」「ややあてはまる」と回答した人がどのていどいるのか示している。

この図4－2を見ると、あまり大きな差ではないものの、頼りにできる友人が「いる」人のほうが、健康を意識した行動をとっていることがわかる。(5) つまり、孤立者のほうが身体的な関心が低いのである。

続いて幼少期の親との関わりと孤立との関連も確認しておこう。図4－3は、頼りにできる友人が「いない」人、「いる」人別に、第3節であげた親による世話を受けた人の比率を示している。この図4－3を見ると、いずれの項目も孤立者よりも非孤立者に経験ありの人が多く、しかも、その差もかなりはっきりしている。(6)「博物館や美術館へ連れて行ってもらった経験」を除くと、いずれも一三～一六ポイント程度の差が開いている。

(2) 多変量解析による検討

次に、孤立に対して、自己への関心や親による面倒見が、さまざまな変数の影響を調整しても効果をもちうるか確認してみよう。表4－1は孤立〇・非孤立一を従属変数とし、属性、社会経済的地位、幼少期の経験、自己への関心、親による面倒見を独立変数としたロジスティック回帰分析の結果である。

自己への関心と親による面倒見は、いずれも有意な効果をもっている。すなわち、自己への関心

表４－１　孤立を従属変数としたロジスティック回帰分析

	B	S.E.	Exp(B)	p
性別	0.595	0.125	1.812	**
年齢	-0.01	0.005	0.99	
婚姻形態（基準：既婚）				
未婚	0.154	0.154	1.167	
離婚	0.299	0.249	1.348	
死別	1.032	0.54	2.806	
最終学歴（基準：中学校卒）				
高校卒	0.507	0.244	1.661	*
短大・高専・専門卒	0.726	0.285	2.066	*
大卒以上	0.486	0.255	1.627	
暮らし向き	0.175	0.076	1.191	*
両親の離婚経験	0.017	0.26	1.017	
いじめ体験	-0.074	0.163	0.928	
親による面倒見	0.174	0.038	1.19	**
自己への関心	0.047	0.021	1.048	*
定数	-0.193	0.47	0.825	
カイ２乗	114.037			**

注：**: $p<.01$, *: $p<.05$

が高い人、親による面倒見の多かった人ほど、孤立していない傾向が見られる。セルフ・ネグレクト研究に見られたように、自己の身体への関心の低い人は、関係からも距離を置きがちになっている。また、幼少期における親との関わりは、その後の友人関係にも影響している。

それ以外の結果については、これまでの研究の知見をほぼ追認している。女性、暮らし向きのよい人、学歴の高めの人に孤立を回避する傾向が見られる。男性の孤立傾向、経済状態の悪い人の孤立傾向は、すでに多くの研究で指摘されている。本分析の結果は生活態度や養育環境を考慮しても、性別、経済状況が孤立に影響しうることを示している。

学歴については、若干説明を要する。今回の分析では、中学卒に比べ、高校卒、短大・高専・専門卒は孤立していないという結果になったものの、最も学歴の高い大卒以上の効果は有意にならなかった。これについては、性別の効果が影響していると考えられる。孤立・非孤立には性別が強い影響を与え、ほぼどの調査でも男性に孤立傾向が見られる。男女の学歴を比べると、大学卒には男性が多いため、学歴の効果は見えにくくなる。実際に、対象を男女に分けて分析すると、大卒の男性ほど孤立しない傾向が見られる。

婚姻形態、両親の離婚経験、いじめ体験はいずれも有意な効果をもたなかった(7)。

4-2 自己への関心の低さと本人の社会経済的地位、親による面倒見

次に、孤立に影響力をもつ自己への関心に社会経済的地位、親による面倒見がどのような影響を与えるか検討しよう。表4-2は自己への関心を従属変数、本人の社会経済的地位、親による面倒見、属性、幼少期の経験を独立変数とした重回帰分析の結果である。

本人の社会経済的地位、親による面倒見はいずれも、自己への関心に対して有意な規定力をもっている。学歴の高い人、暮らし向きのよい人、親によく面倒を見てもらった人ほど、自己への関心が高い。

このうち、自己への関心と学歴、暮らし向きの関連から、高い地位にいる人ほど、関係形成に望

表4－2　自己への関心を従属変数とした重回帰分析

	B	S.E.	β	p
（定数）	3.828	0.510		**
性別	0.803	0.122	0.137	**
年齢	0.059	0.005	0.268	**
婚姻形態（基準：既婚）				
未婚	-0.500	0.151	-0.073	**
離婚	-0.946	0.242	-0.078	**
死別	-0.236	0.406	-0.011	
最終学歴（基準：中学校卒）				
高校卒	0.433	0.282	0.069	
短大・高専・専門卒	0.746	0.306	0.094	*
大卒以上	1.149	0.291	0.195	**
暮らし向き	0.612	0.074	0.172	**
両親の離婚経験	-0.299	0.265	-0.022	
いじめ体験	0.031	0.159	0.004	
親による面倒見	0.079	0.038	0.046	*
R2 乗	0.151			**
調整済み R2 乗	0.147			

注：**：p<.01，*：p<.05

ましい生活態度を身につけていることがわかる。また、親との関わりは、それ自体が関係形成に影響するだけでなく、関係形成に望ましい生活態度にも効果をもつのである。

それ以外の効果についても見ておこう。属性については、女性のほうが自己関心が高く、また、年齢が上がるほど自己への関心も上がる。婚姻形態は、既婚者に比べると未婚者、離別者は自己関心が低くなる。

孤立者に男性が多いことはすでに多くの研究で指摘されている。今回の分析では、自己の身体への関心も女性のほうが高いことが明らかになった。年齢については、高齢者になるほど、身体ケアの意識が高まるのであろう。ま

表4－3　親による面倒見を従属変数とした重回帰分析

	B	S.E.	β	p
（定数）	0.785	0.125		**
父職業（専門・管理ダミー）	0.375	0.083	0.097	**
最終学歴（基準：中学校卒）				**
高校卒	0.708	0.084	0.191	**
短大・高専・専門卒	0.689	0.151	0.094	**
大卒以上	1.32	0.091	0.367	**
中学三年時の暮らし向き	0.343	0.041	0.176	**
R2 乗	0.215			**
調整済み R2 乗	0.213			

注：**：p<.01，*：p<.05

た、結婚という結合形態が身体への関心を高めるようである。

両親の離婚経験、いじめ体験といった幼少期の経験は、自己への関心に有意な効果をもたなかった。

4－3　親による面倒見と親の社会階層

最後に、親による面倒見に対して、親の社会経済的地位がどのていどの影響力をもつのか確認しておこう。表4－3は親による面倒見を従属変数、父親の職業、父親の最終学歴、子（行為者）の中学三年時の暮らし向きを独立変数とした重回帰分析の結果である。

表4－3を見ればすぐわかるように、父親の職業、父親の最終学歴、中学三年時の暮らし向きはいずれも、親による面倒見に有意な規定力をもっている。つまり、親の職業的地位、学歴、経済力が子に対する面倒見に影響を与えているのである。

また、詳しい数値は省略するが、父親の職業、父親の最終学歴、中学三年時の暮らし向きは、いずれも、子（行為者）の最終学歴、現在の暮らし向きに強い影響を与えている。親から子への地位の継承性はたびたび指摘されており(8)、今回のデータでも同様の傾向が確認された。ここから孤立に対する社会構造の〝根深い〟効果を読み取ることができる。これについては、結論部分で改めて論じよう。

5　孤立をめぐる重層的な排除——本章のまとめ

5‐1　孤立をめぐる社会的背景

本章では、学歴や収入などの社会経済的地位の効果も踏まえつつ、個々人の生活態度に着目して孤立現象を分析した。図4‐1の概念モデルにしたがい、あらためて孤立現象を図式化すると、図4‐4のようになる。この図から、孤立をめぐる根深く、重層的な排除を読み取ることができる。

まず、黒い矢印の箇所である。すでに、第二章でも確認したように、頼りにする人がおらず、「孤立している」人びとには、社会経済的地位の低い人が多い。「選択的関係」が主流化する社会では、資源の多寡が関係からの排除にダイレクトに結びつくのである。

重要なのは、この格差が親の世代から継承されていることだ。橋本（2018）の研究にもあるように、日本社会における格差は広がりつつある。本章の分析結果から、本人の社会経済的地位のみならず、出自（親の地位）によって孤立のリスクがすでに異なっていることが明らかになった。

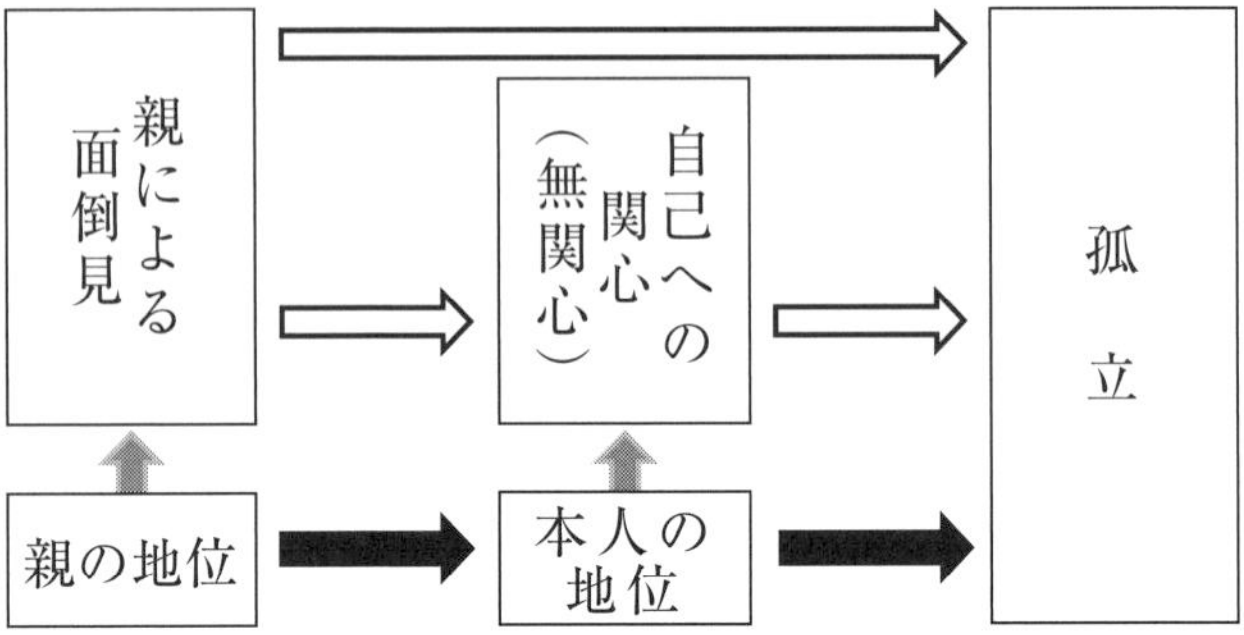

図４－４　孤立をめぐる排除様式

次に、白抜きの矢印を見てみよう。孤立に対しては、自己への関心、親による面倒見といった生活態度と養育環境が影響していた。自己の身体への関心の低い人、親にあまり手をかけてもらえなかった人は孤立のリスクが高まるのである。また、親による面倒見は、自己への関心を通じた間接効果も有していた。

さらに、親の養育方法や自身の生活態度は、それぞれの社会経済的地位に強い影響を受けていた（グレーの矢印）。親の社会経済的地位は、子の養育に使いうる資源および養育方法の違いを生み出し、子の対人志向や生活態度に影響を与える。また、行為者自身の社会経済的地位は、彼ら・彼女らの生活態度に影響を与える。親または自身の社会経済的地位に裏打ちされた養育方法や生活態度は、結果して、行為者の孤立のリスクを拡大してゆく。

かくして、孤立に対する根深く、重層的な排除の構造が明らかになる。すなわち、親子の経済資本（経済力）、人的資本（学力）に加えて、文化資本（養育指針、生活態度）

郵便はがき

恐縮ですが
切手をお貼
りください

112-0005

東京都文京区
水道二丁目一番一号

勁草書房
愛読者カード係行

(弊社へのご意見・ご要望などお知らせください)

・本カードをお送りいただいた方に「総合図書目録」をお送りいたします。
・HP を開いております。ご利用ください。http://www.keisoshobo.co.jp
・裏面の「書籍注文書」を弊社刊行図書のご注文にご利用ください。ご指定の書店様に至急お送り致します。書店様から入荷のご連絡を差し上げますので、連絡先(ご住所・お電話番号)を明記してください。
・代金引換えの宅配便でお届けする方法もございます。代金は現品と引換えにお支払いください。送料は全国一律100円（ただし書籍代金の合計額（税込）が1,000円以上で無料)になります。別途手数料が一回のご注文につき一律200円かかります(2013年7月改訂)。

愛読者カード

65418-5　C3036

本書名　孤立不安社会

お名前《ふりがな》　（　　　歳）

ご職業

ご住所　〒　　　お電話（　　　）　－

本書を何でお知りになりましたか
書店店頭（　　　　　書店）／新聞広告（　　　　　新聞）
目録、書評、チラシ、HP、その他（　　　　　　）

本書についてご意見・ご感想をお聞かせください。なお、一部をHPをはじめ広告媒体に掲載させていただくことがございます。ご了承ください。

◇書籍注文書◇

最寄りご指定書店			
市　町（区）	（書名）	¥	（　　）部
	（書名）	¥	（　　）部
書店	（書名）	¥	（　　）部
	（書名）	¥	（　　）部

※ご記入いただいた個人情報につきましては、弊社からお客様へのご案内以外には使用いたしません。詳しくは弊社HPのプライバシーポリシーをご覧ください。

が相まって、社会経済的地位の低い人びとを孤立に貶めてゆく。ここから、現代の孤立現象には、生活態度レベルにまでおよぶ象徴的支配がしみこんでいる、と言えよう。

5-2 「孤立推奨言説」の見直し

以上の知見を踏まえたうえで、再度、孤独・孤立を推奨する言説に立ち戻ろう。孤立・孤独ブームにそって、孤立・孤独の力を見直す言説も多数登場している。そのタイトルも、『「孤独」のすすめ』(ひろ 2016)、『孤独のすすめ』(五木 2017)、『極上の孤独』(下重 2018) などと、孤独をむしろ推奨しているように見える(9)。

本章冒頭でも述べたように、孤立への過剰な恐れは、「一人でいること」の価値を貶めてしまう。しかしながら、孤立を推奨する言説での「孤立」と本章で指摘した「孤立」は明らかに異なっていることに注意しなければならない。

孤立を推奨する言説の大半は、以下の二点から構成される。まず、孤立そのものは、多くの人が経験するものであるから、恐れるものではないとして、その問題性を緩和する。そのうえで、孤立自体にも、自己と向き合う、個人の関心を追求できるなど、さまざまな利点があるとして、孤立することのプラスを指摘する(10)。

ここで重要なのは後段である。たしかに、人との「しがらみ」を脱することで、私たちは自己と向き合ったり、個人の関心を追求することができる。しかし、これらの人が提唱しているのは、

「孤立していないふつうの人びと」「孤立していないけど孤立を恐れる人」を射程にした「孤立のすすめ」である。

一方で、本章での孤立者は、定義にもあるように「親しくし、頼りにする友人・知人」のいない人である。このように、誰かに頼ろうとしても頼る人もいない人びとと、漠然と孤立に対して不安を抱いている人びととは、同列には位置づけられない[11]。「孤立推奨言説」で勧められているような、一人で読書や旅行を楽しむ習慣は、孤立している人にはおおよそ無縁である。とくに下重（2018）の述べる軽井沢の別荘で感じるような「孤独」は、本書で述べる孤立とはまったくの別物だ。

結局のところ、「孤立推奨言説」で展開される「孤立（孤独）のすすめ」は、何らかの分野でひとかどの業績をあげた――業績という観点で社会とつながった――人びとの自信に裏打ちされた〝推奨言説〟なのである[12]。

かりに、これらの言説を通じ、「孤立は悪いものではなく、各人が対処すれば『極上』のものになる」という通念が流布すれば、孤立の排除的側面は見落とされてしまう。まさに、象徴的支配の強化である。「孤立推奨言説」を提唱するならば、その点を念頭においた論理展開が求められよう。

「選択的関係」の主流化は、人間関係の資源化を推し進め、結果として、資源のない人を関係性から排除してゆく。孤立死の増加から、日本社会における排除傾向の強まりは明らかである。また、本章の分析から、孤立には生活態度レベルにまで浸透した象徴的支配が見られることも明らかになった。そこに目を向けず、多くの人は孤立するのだから、恐れず個々人で対策を立てよと言ってもそれは、一面的に過ぎる。孤立に排除の側面が色濃く見られる以上、孤立を自己決定の領域に追いやるだけではなく、排除の側面にも目を向けてゆくべきである。

注

（1）その一方で、共同が善であるという考え方は、共同体のなかに潜んでいた暴力を無視しており、短絡的である。

（2）自己への関心は、外見的なもの、衛生的なことなど、他にも複数の次元がある。本書では、「自らの身体への関心の薄さ」という点でセルフ・ネグレクトと関連をもつ健康行動から、自己への関心を測定した。

（3）経済的指標として世帯収入や個人収入ではなく、暮らし向きを用いたのは、収入を直接尋ねた質問に欠損値（わからない・無回答）が多数含まれるからである。個人収入の欠損値は二七四、世帯収入の欠損値は五八四である。

（4）この分析では、従属変数にあたる「親による面倒見」は小学校の低学年、独立変数の「暮らし向き」は中学三年時のものを尋ねている。つまり、原因と結果の間で時間が逆転しているのである。今回の調査では、中学三年時より前の暮らし向きを特定していない。中学三年時の暮らし向きは、定位家族の暮らし向きの代替指標として用いている。

（5）カイ二乗検定の結果、食事の栄養バランスは五％水準、定期的な運動は一％水準で有意差が見られた。一方、朝食の摂取については有意差が見られなかった。

（6）カイ二乗検定の結果は、いずれの項目においても、一％水準で有意であった。

（7）婚姻が効果をもたなかったのは、今回の分析が家族・親族を含めずに、友人・知人からの孤立に限定されたためだと考えられる。

(8) 新しいデータを用いた分析については橋本 (2018) を参照されたい。

(9) 他にも、『「ひとり」の哲学』(山折 2016)、『人生の「質」を上げる 孤独をたのしむ力』(午堂 2017)、『孤独が人生を豊かにする』(中谷 2017)、『弘兼流「ひとり力」で孤独を楽しむ』(弘兼 2018) などがある。その源流が上野 (2007) の『おひとりさまの老後』にあるのは言うまでもない。

(10) 上野はその著書の第一章のタイトルを「ようこそシングルライフへ」とし、「結婚してもしなくても、みんな最後はひとりになる」(上野 2007：12) のだから、シングルを恐れる必要はないと強調している。同様に、ひろは、「『孤独』というのはマイナス価値なんでしょうか？」(ひろ 2016：3) と冒頭で投げかけ、その問いを否定する。五木も冒頭で、「人間は孤独だからこそ豊かに生きられる」(五木 2017：6) と述べ、その価値を称揚している。こうした傾向は、山折 (2016)、午堂 (2017)、中谷 (2017)、下重 (2018)、弘兼 (2018) でもおおむね共通している。

(11) 午堂はこの点を多少なりとも意識しているようで、「本書でいう孤独とは、人との接点を自ら避けるとか、誰からも無視されて孤立することではなく、ひとり自分の信じる道を歩く「孤高」のほうが近い概念です」(午堂 2017：5) と述べている。

(12) 執筆陣の学歴・おもな職業を見ても、上野千鶴子 (京都大学大学院・東京大学教授)、山折哲雄 (東北大学大学院・国際日本文化研究センター所長)、ひろさちや (東京大学大学院・気象大学校教授)、五木寛之 (早稲田大学・作家)、午堂登紀雄 (中央大学・会社社長)、中谷章宏 (早稲田大学・作家)、下重暁子 (早稲田大学・キャスター)、弘兼憲史 (早稲田大学・漫画家) と〝華麗〟きわまりない。同時に執筆者はいずれも自律性の高い仕事をしている。

第Ⅲ部　つながりづくりの困難

第五章　つながる地域は実現するのか
――地域社会の関係性

1　つながりを望まれる地域

孤立および孤立死の予防策として地域への注目が高まっている。その背後には、これまで多くの人びとに関係を「担保」する機能を果たしてきた家族関係の揺らぎがある。未婚率の上昇は、若年層の孤立の不安をかき立て、彼ら・彼女らを「婚活」へと駆り立ててゆく。

一九五〇年代から一貫して増加を続けてきた単身者世帯は、今後も増え続けると推計されている。高齢化率の上昇とともに単身高齢者が増えることは、ほぼ間違いない。しかし、増えゆく単身高齢者の社会生活を保障する制度は、財政的にもそう簡単に整えられない。その一方で自己責任の要求は高まりつつある。そのような事情を背景に目を付けられたのが、物理的に手の届きやすい「地域のつながり」である。

政府は二〇〇八年三月に地域福祉とコミュニティにかんする報告書を立て続けに発行した。「これからの地域福祉のあり方に関する研究会」による『地域における「新たな支え合い」を求めて――住民と行政の協働による新しい福祉』と「高齢者等が一人でも安心して暮らせるコミュニティづくり推進会議」による『高齢者等が一人でも安心して暮らせるコミュニティづくり推進会議（「孤立死」ゼロを目指して）』である。

前者は、「地域における多様な生活ニーズへの的確な対応を図る上で、成熟した社会における自立した個人が主体的に関わり、支え合う、地域における「新たな支え合い」（共助）の領域を拡大、強化すること」（これからの地域福祉のあり方に関する研究会 2008：11）を提言している。平たく言えば、地域における多様な問題の解決にあたり、住民どうしあるいは住民と域内の諸機関の連携で対応することを「新たな支え合い」と称しているのである。

一方、後者は「人の尊厳を傷つけるような悲惨な「孤立死」を未然に防ぐために」（高齢者等が一人でも安心して暮らせるコミュニティづくり推進会議 2008：11）孤立死予防型のコミュニティづくりを提案している。その戦略は、「人とのかかわりが気楽にできる関係づくり」「あいさつができる地域づくり」「人が集まれる拠点の重要性」「適度な世話焼き（おせっかい）が可能な人間関係」（高齢者等が一人でも安心して暮らせるコミュニティづくり推進会議 2008：12-13）などである。

しかし、このようなつながりの構築は、そう簡単ではない。というのも、私たちの社会は、地域のつながりを希釈させる形で「発展」を遂げてきたからだ。本章および第六章では、地域の人間関係に焦点をあてて議論を展開する。第五章では、人びとがどのような地域関係を築き、どのような地域関係を望んでいるのか、量的データを通じて鳥瞰的に明らかにする。

以下では、まず、「一定以上の濃密さをもつ関係」と地域にかんする言説について簡単にまとめ、その後、官庁統計など全国調査をもとに、日本社会における地域関係の様相を探る。次に、東京都多摩市の住民を対象とした『多摩市のまちづくりと福祉にかんする調査』(2013)(1) の結果から郊外における地域関係の実態を明らかにする。

2 研究のなかでの地域のつながり

さて、前節では本章で扱う人間関係について「一定以上の濃密さをもつ関係」とややまわりくどく表現した。というのも、「一定以上の濃密さをもつ関係」の質的変化こそが地域関係を含めたこんにちの人間関係を読み解くうえで、重要な意味合いをもつからだ。そこで、本節では「一定以上の濃密さをもつ関係」の質的変化について述べたうえで、地域社会の人間関係のありようについて議論してゆきたい。

2−1　単線的縮小論の展開

「一定以上の濃密さをもつ関係」とは何だろうか。現代社会を生きる私たちは、いわゆる感情的親しさのともなう関係を「濃密な関係」と見なしがちである。しかし、関係は感情的親しさのみで満たされるわけではない。感情的には親しみを感じなくとも四六時中ともにいる人、あるいは〝いなければならない〟人どうしの関係も濃密と表現することはできる。

翻って、前近代社会について考えてみよう。いわゆる前近代と言われる時代において、多くの人びとは土地に根付いた生活をしてきた。人びとは地理的に閉ざされた空間のなかで、身近な血縁、地縁と協力しつつ生活してきたのである。このような社会で、「親しさ」を基準につきあう相手を選ぶ自由や余裕は少ない。したがって、こうした関係には、親しさや温かさといった観点とは別の、まさに、運命共同体としての濃密さがある。以上の点から、前近代社会における「一定以上の濃密さをもつ関係」とは、生活の必要性に拘束された全人的関係と言うことができよう。そして、その多くが血縁、地縁を指すことは想像に難くない。

「一定以上の濃密さをもつ関係」に決定的な変化をもたらしたのが、近代資本主義的な生活様式、つまり、貨幣を獲得しそれをモノやサービスと交換することで生活を維持する生活様式の浸透である。近代資本主義的な生活様式の浸透により、共同生活によってのみ入手し得た財やサービスは、貨幣を通じて獲得できるようになる。その結果として、血縁、地縁を強固に結びつけてきた「生活の要請」は希釈される。人びとの生命は共同でなく貨幣の消費によって維持されるのである。

近代資本主義的な生活様式と人間関係の変化については、一九世紀の思想家にするどく指摘されている。たとえば、マルクスは、経済合理性に基づく関係を「人間を血のつながったその長上者に結びつけていた色とりどりのきずなをようしゃなく切断し、むきだしの利害以外の、つめたい「現金勘定」以外のどんなきずなも残さなかった」(Marx und Engels 1848 = 1951：42) と批判している。また、テンニースは社会が「信頼にみちた親密な水いらずの共同生活」(Tönnies 1887 = 1973上：35) を旨とする「ゲマインシャフト」から相互に独立した人びとの「機械的な集合体・人工物」(Tönnies 1887 = 1973上：37) である「ゲゼルシャフト」に推移しつつあることを指摘した。彼の述べるゲゼルシャフトは、「万民が商人の社会」を指しており、「人はそれぞれ一人ぼっちであって、自分以外のすべての人々に対しては緊張状態にある」(Tönnies 1887= 1973上：91) という「否定的基礎」を念頭において論じられている。

ここまで記したように、当時の視点は、経済的な関係が「一定以上の濃密さをもつ〝温かい〟関係」を毀損するというものであった。同様の関係の変化を、都市化から読み解いたのがシカゴ学派の都市社会学者である。その先駆的業績としてしばしばあげられるのがシカゴ学派の巨頭ワースの『生活様式としてのアーバニズム』である (Wirth 1938 = 2011)。

彼によれば都市に住む人びとは、その人口量・密度・異質性の高さゆえ、深く知らない知り合いに囲まれた「統合失調症」的特徴を有する。また、都市における高度な分節化は第一次的接触より第二次的接触を優越させ、家族の意義や近隣社会を縮小させると述べた。同時に、第二次的接触の優越により生じる、接触相手との社会的距離の拡大は、人びとの孤独感を生み出すとも述べた。

都市（化）による地域的連帯の解体と孤独感の発生は、都市社会学界において、その後長い間検討の対象となった。しかしながら、人口量・密度・異質性を都市の特性と捉え、そこから地域的連帯の解体と孤独感の発生を論じる理論枠組みは多くの批判にさらされ、現在では経済構造と人間関係にかんする議論と類似したものが展開されている。

日本で言えば、倉沢進（1987）は都市生活の特徴（都市的生活様式）を共通問題の自家処理能力の低さ、専門的処理の多さに見出し、それが共同生活を解体したと指摘している。同様の視点から高橋勇悦（1984）は専門機関の利用等により生活の社会化が進んだ都市では、「人間関係の省略」が発生すると述べている。

さて、これまで見てきた議論は、その原因の捉え方や研究の報告時期において違いはあるものの、血縁や地縁といった運命共同体的な関係が縮小し、利益や合理的計算を仲立ちとした関係が増え、孤独感を抱えるようになるという見方は一致している。これを本章の表現に照らせば、「一定以上の濃密さをもつ関係」は単線的に縮小するという見方を共有している。

しかし、その後に展開された議論や実証研究の成果は、単線的縮小の理論を支持せず、「一定以上の濃密さをもつ関係」の「質的変化」を強調している。そこで次に、質的変化論の理論枠組みが単線的縮小論の枠組みとどのように異なるのか見てゆこう。

2-2　質的変化論の展開

(1)「選択的関係」の主流化

マルクスやテンニースが述べるように、近代資本主義的な生活様式の浸透は、人びとを旧来的な共同体から解き放った。それと平行して行われたセーフティネットの整備、すなわち、近代資本主義的な生活様式から漏れ出た人への救済システムの充実は、人びとから、ケアを名目とした結びつきの必要性を縮減した。今や、「一定以上の濃密さをもつ関係」は生命充足の役割構造から解き放たれ、質的変化を余儀なくされている。そのさい鍵となるのが、「選択的関係」の主流化である。

近代資本主義的な生活様式の浸透とセーフティネットの整備によって、生活の必要性は、他者と濃密な関係を構築する条件から外されつつある。生きるために特定の誰かと〝つきあわなければならない〞状況は確実に縮小している。これにより、人びとの固有の関係の維持・形成に対する自由度は格段に増え、「選択的関係」が主流化してゆく。

「選択的関係」の主流化については、希薄化への対抗言説として、若者の友人関係の議論においてたびたび展開されている。すなわち、若者の友人関係は、希薄化してきたのではなく、選択化してきたとするものである。青少年研究会では、希薄化・選択化の議論の妥当性について量的調査を通じて検討している。その結果の大半は選択化言説を支持している（辻 1999；松田 2000）。

（2）「選択的関係」の主流化と「一定以上の濃密さをもつ関係」の質的変化

人間関係が選択化するなか、「一定以上の濃密さをもつ関係」も質的変化を余儀なくされる。かつて、生活維持の必要性によって、その濃度を規定されてきた関係は、当事者どうしの感情や心理的重要性によって、その濃度を規定されるようになる。このような関係は、道具的必要性から解放され、「関係を結ぶ」ことそのものを関係維持の動力源とする。こうした関係をギデンズは「純粋な関係」（pure relationship）と呼び（Giddens 1991 = 2005）、現代社会における関係の純粋化を指摘した。

ここにいたって「一定以上の濃密さをもつ関係」の成立要件から、生活維持の必要性が脱色され、感情的な親しさが前景化してゆく。言い換えると、「一定以上の濃密さをもつ関係」の成立要件は、社会的要請（生活の維持）から個人的要請（個人の関係欲求の充足）に置き換えられてゆくのである。では、感情的親しさをおもな成立要件とした「一定以上の濃密さをもつ関係」は、地域関係を含める人間関係全般にどういった影響を与えるだろうか。ここではごく簡単にまとめよう。

感情的親しさをおもな成立要件とした「一定以上の濃密さをもつ関係」には、当然ながら情緒性を基軸とした関係が含まれるはずだ。そのように考えると、現代社会における「一定以上の濃密さをもつ関係」の中枢は、情緒的親しさの象徴である恋愛・夫婦家族と感情的親しさを軸として成立する友人関係となるはずである。

一方、地理的近しさを要件とする地域関係は、そこに関係を結ぶ特別な意味を見出されなければ、見向きもされなくなるだろう。第1節において確認した、地域のつながりへの高い期待とは裏腹に、現代社会の人間関係にかんする理論から、地理的に限定された関係の活性化を読み取ることはなかなか難しい。

(3) 実証研究からの検討

実証研究でも同様の知見が報告されている。なかでも、一九七〇年代後半から八〇年代前半に展開され、都市社会学界に非常に大きな影響を及ぼした二つの実証研究——ウェルマンとフィッシャーの研究——は、先述の人間関係の変化を明示している。すなわち、親しい関係の地理的拡散と友人関係の優越を示しているのである(2)。

・ウェルマンの研究

ウェルマン(Wellman 1979＝2006)は、ワースの第一次的接触の縮小仮説をパーソナル・ネットワークの手法を用いて検討した。そのさいの重要なポイントは、彼が「親しい関係」を第一次的接触と読み替えていることだ。

ワースの論文を読めば明らかなように、彼は第一次的接触を家族・親族、近隣などの伝統的関係と親密性の二側面から捉えている。たとえば、彼は以下のように述べている。「都市的生活様式の顕著な特徴は、社会学的には、第二次的接触が第一次的接触にとって代わり、親族結合が弱体化し、家族の社会的意義が減少し、近隣社会が消滅して、社会的連帯の伝統的基礎が掘り崩されることである」（Wirth 1938=2011：111）。この記述やワースの論文の執筆年代を考慮すれば、彼が用いた「第一次的接触」という言葉は、前近代的な共同体関係を指すと見て差し支えないだろう。

さらに彼は、「社会的連帯の伝統的基礎」の毀損と、それに代わる関係の専門分化および流動化を通じて、「個人は、親密な集団の個人的・情緒的統制からある程度解放され自由を獲得するが、他方において、自発的な自己表現、モラール、統合された社会に生活することにともなう参加の感覚を失う」（Wirth 1938＝2011：103）とも述べている。ここからワースが息苦しさと親密さを伴う共同体関係を第一次的接触と見なしていることがわかる。

親密性と共同性の同居する伝統的集団を「第一次」と見なす考え方は、「第一次集団」という言葉を最初に使ったクーリーにも見られる。彼は第一次集団を「顔と顔をつきあわせている親しい結びつきと、協力とによって特徴づけられる集団」（Cooley 1909＝1970：24）と定義し、その「もっとも重要な分野」として「家族、子供たちの遊び仲間、近隣、もしくは大人たちの地域集団」（Cooley 1909＝1970：24）をあげている。

同様の視点は、先ほどあげたマルクスやテンニースにも見られる。ここから一九世紀後半から二〇世紀前半の研究者・思想家が、前近代的な共同性に支えられつつも親しさを包含する関係を「一定以上の濃密さをもつ関係」と見なしていたことがわかる。(3)

翻ってウェルマンの研究を見てみると、彼は第一次的接触と集団——とくに地域社会——とを関連づける発想を批判し、当該関係を空間的に分散し、ネットワーク的に編まれたものと捉える視座（コミュニティ解放論）を提示した。そのさい用いたのが「親しさ」を基準としたパーソナル・ネットワーク・アプローチである。具体的には「もっとも親しいと感じる方」六人を、パーソナル・ネットワーク・アプローチを用いて抽出した。

　ウェルマンの実証手続きを見れば、彼がワースの述べる第一次的接触から共同体的要素を取り払い、「感情的親しさ」のみに着目したことは明らかである。これを本章の文脈に照らすと、ウェルマンの第一次的接触の操作化には、「一定以上の濃密さをもつ関係」の質的転換が透けて見えるのである。

　彼は、諸個人間の感情的親しさに基礎づけられた関係の地理的布置から、第一次的接触の縮小、存続、解放[4]について検討した。その結果、人びとの親密な関係は近隣外部に拡散しており、第一次的接触はコミュニティ解放的に再構築されていることを発見したのである。

　この分析結果は、選択化し、親しさにより条件づけられるようになった「一定以上の濃密さをもつ関係」の特徴をよく表している。人びとが「一定以上の濃密さをもつ関係」を「親しさ」基準で選ぶようになれば、そのつながりは近隣を超えて拡散し得るのである。したがって、ウェルマンの実証研究の知見は、「一定以上の濃密さをもつつながり」が選択化し、近隣社会から失われてゆく様相を明示した研究として捉え返すこともできる。

・フィッシャーの研究

フィッシャー（Fischer 1982）は下位文化理論を提唱し、都市における友人関係の拡大と下位文化の誕生について研究した。彼は人口量、密度、異質性というワースの都市基準を参照し、人口量、密度、異質性の高い都市では、多様な人に出会う可能性が高く、ゆえに社会的な役割構造に埋め込まれない「友人としか言いようのない関係」（just friends）が増えると考えた。そうした人びとが都市に豊穣な文化を生み出すというのが下位文化理論の要諦である。

フィッシャーの理論は、その後、多くの研究者に参照されたものの、どれもあまり明確に彼の仮説を支持していない。その理由についても十分検討の余地はあるが、ここでは、彼が友人の優越性を訴えた点に着目したい。というのも、その点に着目すると、彼の研究は「一定以上の濃密さをもつ関係」に、社会的な役割構造を内包しない「友人としか言いようのない関係」が進出する様相に着目した萌芽的な実証研究と位置づけられるからである。

さきほども述べたように、近代資本主義的な生活様式の浸透とセーフティネットの整備がもたらす「選択的関係」の主流化は、「一定以上の濃密さをもつ関係」の質的変化を促す。「選択的関係」の主流化を通じて、社会的必要性に条件づけられてきた関係は、当事者の関係への欲求に条件づけられるようになる。これをギデンズは関係の純粋化と述べ、その典型として友人をあげている。

ギデンズにとっての、「友人とは、ある人が関係それ自体による見返り以外によっては促されないような関係を持っている誰か、として定義される」（Giddens 1991 = 2005：100）。つまり、友人関係は、社会の必要性でなく、個々人の関係へのニーズによって維持されるのである。関係の純粋化を予見したギデンズの理論は、社会的な役割構造に埋め込まれない「友人としか言いようのない関係」(just friends) の出現・増加を予見したフィッシャーの実証研究と多くの面で一致を見るのである。

そのように考えると、フィッシャーの研究は、次のように位置づけられる。すなわち、彼の研究は「一定以上の濃密さをもつ関係」の質的転換――社会的な役割構造から親しさなどの関係欲求への転換――を捉えた原初的研究と位置づけられるのである。

・ウェルマンおよびフィッシャーの研究の含意

以上の検討から、一九八〇年前後という近い時期に発表され、都市社会学を代表するほどの影響力をもった二つの実証研究は、「一定以上の濃密さをもつ関係」から地域・近隣関係が除かれ、地理的に拡散してゆく過程を実証的に示した研究と言えるのである。

ウェルマンの研究は、「一定以上の濃密さをもつ関係」の成立要件から生活維持の必要性が脱色され、感情的な親しさが前景化する様相を明らかにした。その過程で、「一定以上の濃密さをもつ関係」は地理的に拡散してゆく。一方、フィッシャーの研究は、「一定以上の濃密さをもつ関係」の成立要件が感情的な親しさに置き換えられ、社会的な役割構造に埋め込まれない「友人としか言いようのない関係」が出現・増加することを指摘した。

では「一定以上の濃密さをもつ関係」から地域・近隣関係が除かれるなか、人びとはどういった近隣関係を築き、また、どのような近隣関係を望んでいるのだろうか。次節では、全国を対象に行われた調査および東京都多摩市に住む人びとを対象とした調査の結果をもとに、日本社会および郊外社会の地域関係への願望と実情を明らかにしてゆく。

3　量的調査から見る地域のつながり

3-1　日本社会における近隣関係

(1) 近所づきあいへの願望

まず、日本社会に住む人びとの近所づきあいへの願望を、NHK放送文化研究所『日本人の意識調査』、内閣府『国民生活選好度調査』、内閣府『社会意識に関する世論調査』の結果から見てみよう。これらの調査は、調査対象の年齢こそ異なるものの、いずれも日本国民を対象としている。(5)

これを見ると、『日本人の意識調査』(図5-1)と『国民生活選好度調査』(図5-2)では、近所づきあいについて高い期待を抱く人が年々減少しているのに対し、中間的な、いわば「ほどほどのつきあい」と「あまりつきあわない」ことを望む人が増えているのがわかる。隣近所の人との望ましいつきあい方を尋ねた『日本人の意識調査』では、濃密な「相談、助け合い」を望む人は一貫して減少し、「挨拶程度」の軽いつきあいを望む人が増えている。「自分の住んでいる地域の人々と

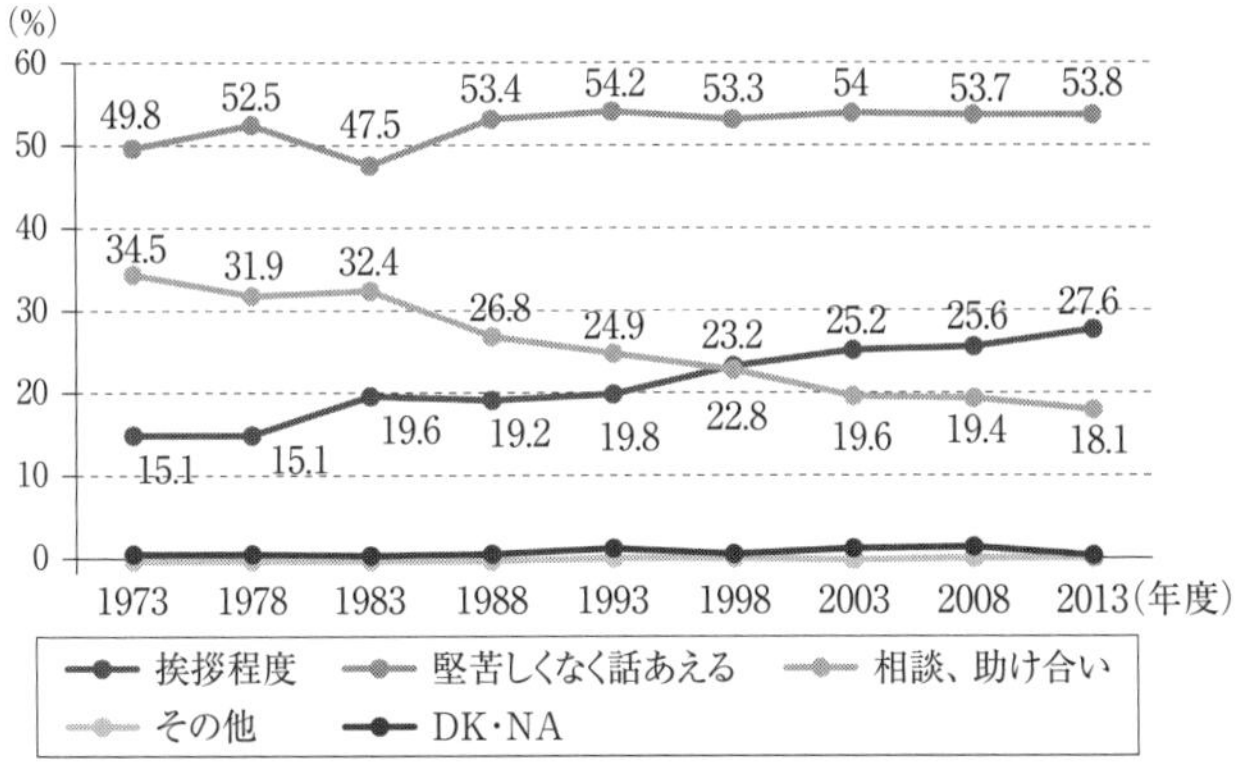

資料：NHK放送文化研究所『日本人の意識調査』

図5－1　隣近所の人との望ましいつきあい方

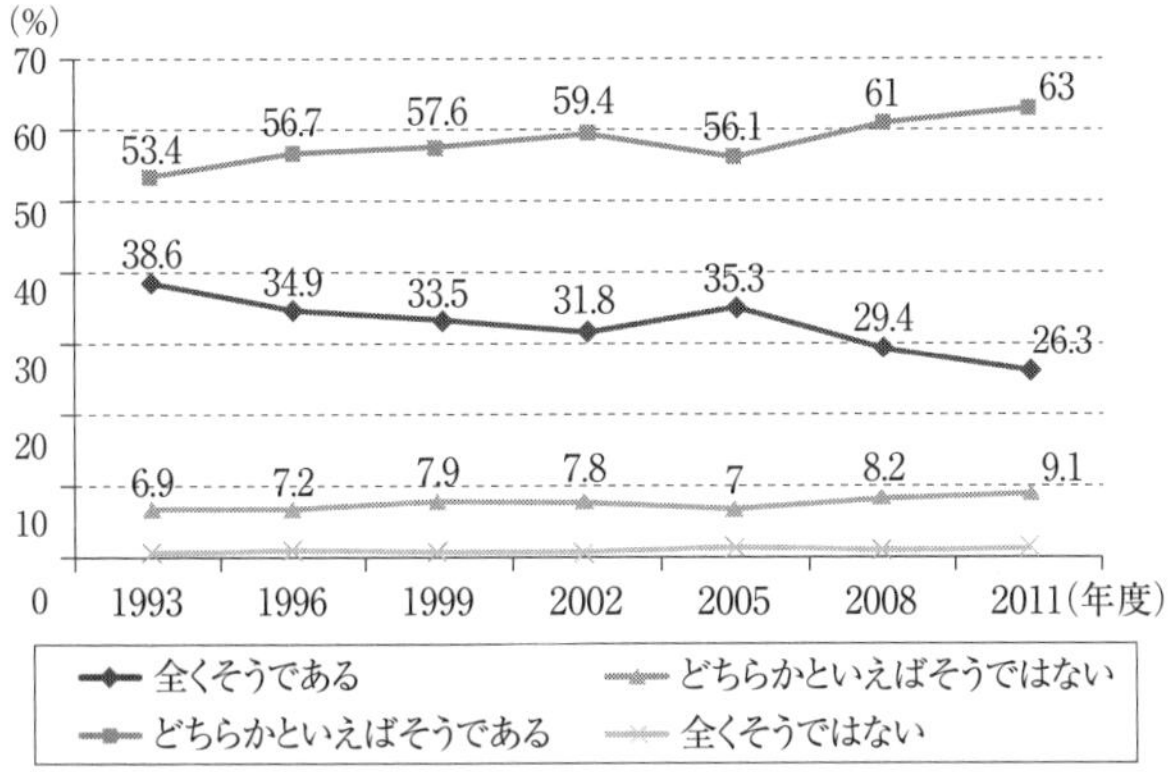

資料：内閣府『国民生活選好度調査』

図5－2　地域交流の必要性

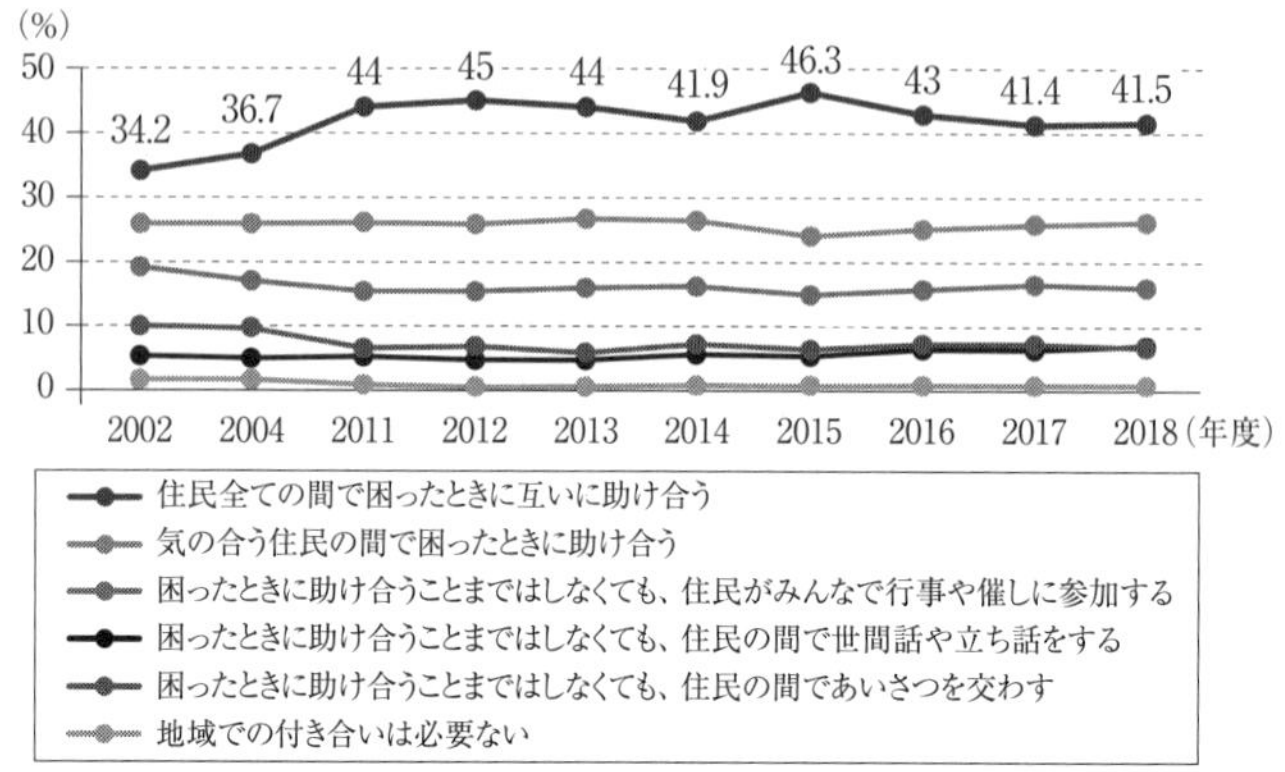

資料：内閣府『社会意識に関する世論調査』

図５－３　「望ましい地域づきあい」

交流があることは大切だ」という意見への回答を尋ねた『国民生活選好度調査』では、「全くそうである」の比率が減少し、「どちらかといえばそうである」「どちらかといえばそうではない」の比率が増えている。

一方、『社会意識に関する世論調査』（図５－３）では、地域での望ましいつきあい方について、「住民全ての間で困ったときに互いに助け合う」を選択する人が最も多く、かつ、二〇一一年の震災以降高止まりしていることがわかる。前二つの調査に比べて時系列的には短めなものの、この調査からは地域での互助期待が高まりつつあると言える。

しかし、三つの調査の結果から総合すると、日本に住む人びとが望む近所づきあいは、多少ひいき目に見ても、「ほどほどよりもやや上」としか結論づけられない。

（2）近所づきあいの実情

次に、実際の近所づきあいについて、『国民生活選好度調査』『社会意識に関する世論調査』から見てみよう。『国民生活選好度調査』は、「あなたは次に挙げる人とどのくらい行き来していますか」という質問の「隣近所」の項目への回答、『社会意識に関する世論調査』は「あなたは、地域での付き合いをどの程度していますか」という質問への回答である（図5-4、図5-5）。

こちらについては、『国民生活選好度調査』の調査回数がやや少ないものの、共通した傾向が見られる。すなわち、地域・近隣住民との「濃密なつきあい」が減少し、「ほどほどにしかつきあわない」人、「つきあいに消極的」な人が増えているのである。

『国民生活選好度調査』の結果から、隣近所とのつきあいは二〇〇〇年に比べ二〇〇七年は、「よく行き来」「ある程度行き来」「あまり行き来しない」が減少し、「ほとんど行き来しない」「あてはまる人がいない」が増えていることがわかる。この調査の結果だけを見れば、積極的な近所づきあいは急速に衰えていると言える。『社会意識に関する世論調査』からは、地域づきあいについて、多くの人が「ほどほど」にしかしておらず、積極的につきあう人が減っていることがわかる。地域の人と「ある程度つきあっている」人は一貫して五〇％前後いる一方で、「よくつきあっている」人は減少傾向にある。それに対して「あまりつきあっていない」人は増加傾向にある。

ここから日本人の近所づきあいへの願望と実情をまとめると、彼ら・彼女らは隣近所または地域に対して、高いとは言えないまでもほどほどの交流願望を有している。しかし、調査によってはそ

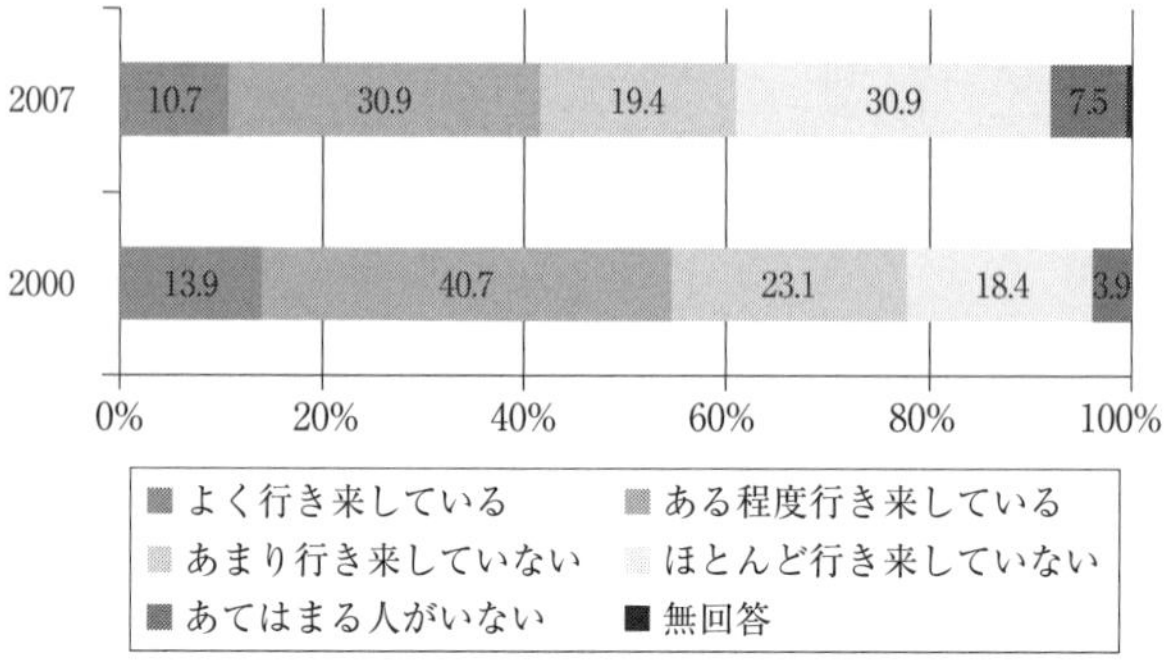

資料：内閣府『国民生活選好度調査』

図5－4　隣近所の人とのつきあい方

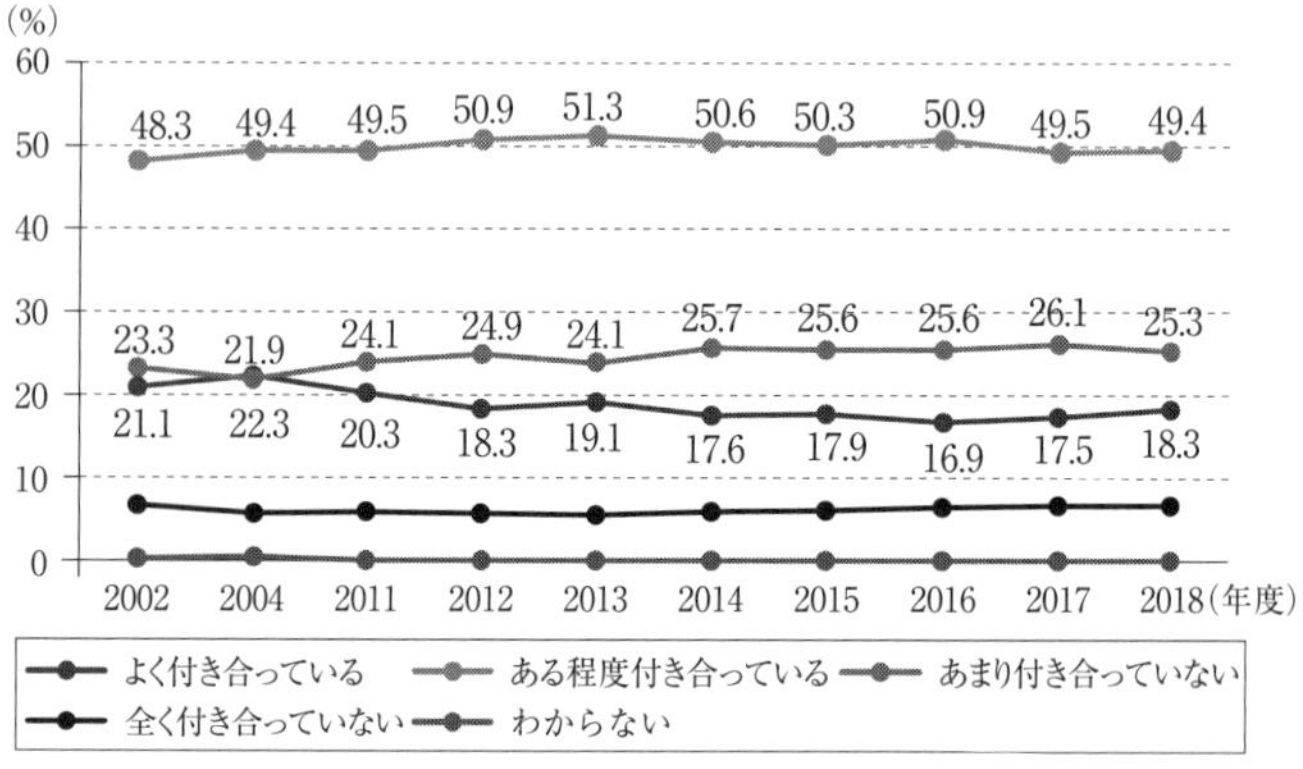

資料：内閣府『社会意識に関する世論調査』

図5－5　地域交流の実際

の交流願望は経年的に縮小している。その心情を反映するかのように、住民たちの実際の近所づきあいは、濃密なものから希薄なものに転じている。理論研究でもまとめたように、もはや地域・近隣が人びとの交流の場としてあがる可能性は少ない。

(3) サポート源としての近隣

人びとの実際の近所づきあい、および、近所づきあいの願望が切り下げられるなか、地域関係はサポート源としてどのていどの存在感を発揮しているのだろうか。以下では、日本に住む人びとを対象に実施されたパーソナル・ネットワーク調査の結果をもとに、家族や親族、友人と比べ、地域がどのていど強固なサポート源として認識されているのか明らかにする。

用いるデータは内閣府『高齢者の健康に関する意識調査』、国立社会保障・人口問題研究所『生活と支え合いに関する調査』、大阪経済大学・東京大学『日本版一般社会調査(JGSS)』の結果である。(6)『高齢者の健康に関する意識調査』は「心配ごとや悩みごとができた場合、だれに話を聞いてもらったり、相談したりしますか」という質問への回答、『生活と支え合いに関する調査』は一〇項目について「頼れる人」を尋ねた質問への回答、『日本版一般社会調査』は「重要なことを話したり、悩みを相談する人たち」への回答である。(7)

結論から言えば、地域および近隣の関係は、そこに住む人びとからサポート源としてほとんど認識されていない。悩みの相談相手について特定した『高齢者の健康に関する意識調査』『日本版一般社会調査』において（図5－6、図5－7）、隣近所や近隣をあげた人は三％にも満たない。相談相手は家族・親族および友人に集中している。サポート源の家族・親族、友人への集中傾向は、第2節で述べた「現代社会における「一定以上の濃密さをもつ関係」の中枢は、情緒的親しさの象徴である恋愛・夫婦家族と親しさを軸として成立する友人関係となるはず」という仮説を支持している。

サポート項目を一〇個に分けて特定した『生活と支え合いに関する調査』でも、近所の人をサポート源として認識している人は総じて少ない（表5－1）。一〇％を超えるのは「家具の移動・庭の手入れ・雪かきなどの手伝い」（一〇・九％）と「災害時の手助け」（三一・一％）のみで、あとは総じて低調だ。しかも、災害については実体験に基づいた回答は難しそうなので、実際に三割の人が近隣に頼れるかどうかは定かではない。

この調査でもサポート源の中心は、家族・親族および友人・知人となっている。なかでも、家族・親族のサポート力は他を圧している。日本人の多くは、家族・親族をサポート源の中心に据えつつ、「愚痴の聞き取り」や「喜びや悲しみの分かち合い」「相談」などの情緒面において、友人・知人からもサポートを得ているのである。

三つの調査結果を総合的に見てみると、人びとのサポート源の中心は家族・親族と友人であり、近隣はサポート関係としては認識されていない――まれに認識する人がいるていど――と言えよう。日本に住む多くの人は、近隣もしくは地域の人とはほどほどにつきあえばよいと考えており、サポ

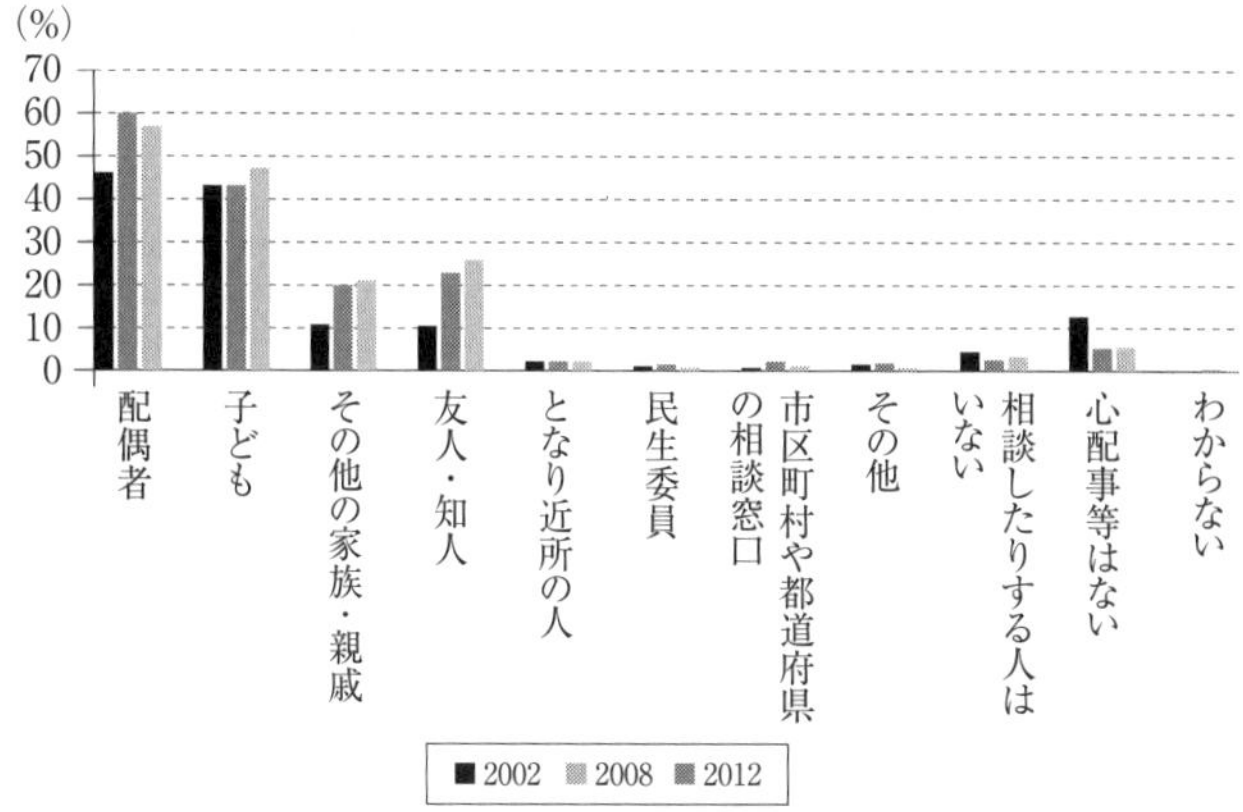

資料：内閣府『高齢者の健康に関する意識調査』

図5－6　悩みの相談相手（高齢）

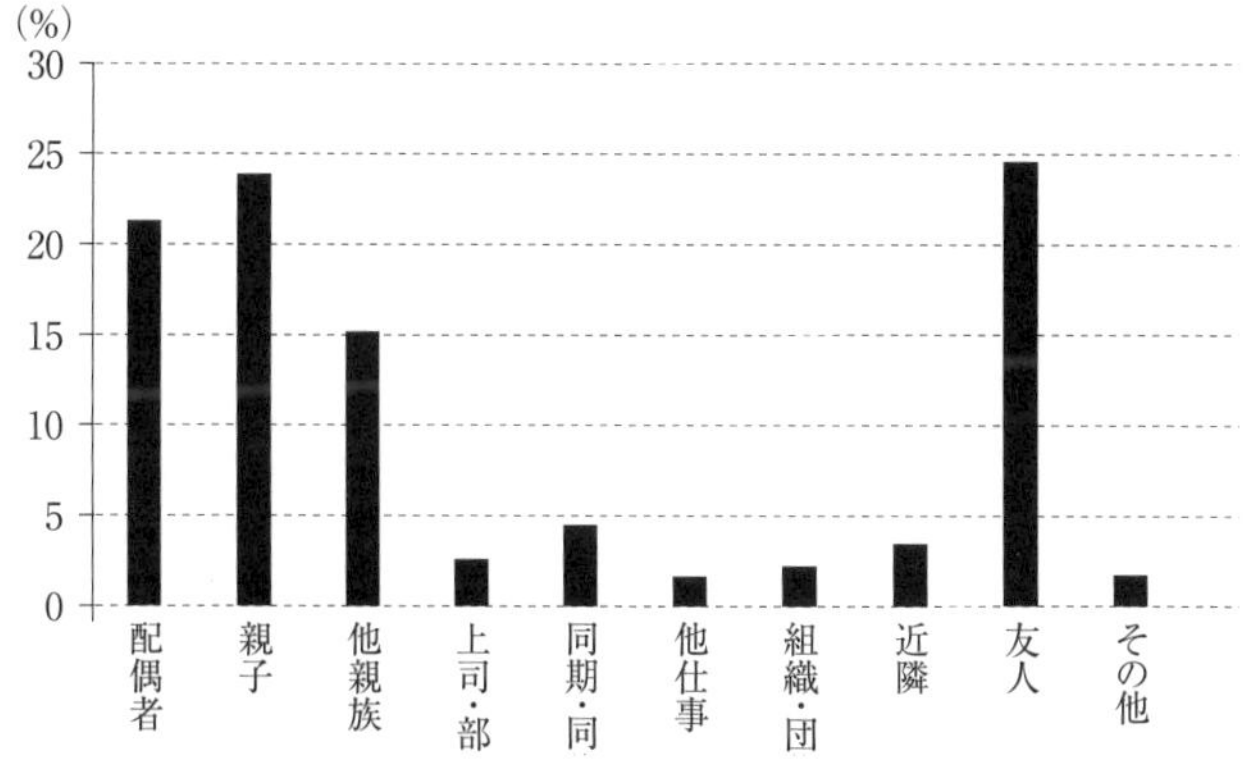

資料：『一般社会調査』（2003）原資料：石田（2011）

図5－7　悩みの相談相手（20～89歳）

表5－1　「頼れる人」の集計

	家族・親族	友人・知人	近所の人	職場の人	医療・福祉・教育関係の専門家	その他の人	頼れる人はいない	そのことでは人に頼らない	無回答
看護や介護、子どもの世話	80	11.9	5.5	2.2	14.3	0.8	4.1	4	9.7
健康、介護、育児に関する相談	73.6	30.5	5.9	9.5	23.4	0.9	3	3.6	10.4
家庭内でのトラブルに関する相談	53.7	30.2	2.2	6.6	2.1	3.6	4.6	13.6	12.2
就職・転職など仕事に関する相談	46.3	26.8	1.2	12.1	1.5	2.1	4.3	18.9	19.7
愚痴を聞いてくれること	66	52.1	7.1	17.1	1.1	1.7	2.5	6.2	9.6
喜びや悲しみを分かち合うこと	78.6	47.8	7.5	12.8	0.7	1.6	2	2.9	9.3
いざという時の少額のお金の援助	68	8.4	0.4	2.1	0.1	0.5	5	16.3	10.4
いざという時の高額のお金の援助	49.8	2	0.1	0.4	0.3	0.6	16.2	21.9	12.5
家具の移動・庭の手入れ・雪かきなどの手伝い	72	18.9	10.9	3.4	0.7	3.4	4.2	8.6	9.9
災害時の手助け	76.8	32.5	32.1	9.8	1.9	2.6	4.3	3	10.4

資料：国立社会保障・人口問題研究所『生活と支え合いに関する調査』(2012)
原資料：国立社会保障・人口問題研究所（2014）

ートについては「一定以上の濃密さをもつ関係」である家族・親族または友人に求めるのである。

3－2　郊外社会（多摩市）における近隣関係

次に、郊外社会における近隣関係について、近隣関係への願望と実情、サポート源の順に見てゆこう。

(1)　近隣関係への願望と実情

多摩市調査では、住民の望むつきあい方と、実際の近所づきあいについて四段階の順序尺度で尋ねている。表5－2は住民の近所づきあいへの願望と実情をまとめた

表５－２　住民の望むつきあい方とつきあいの実情

つきあいの願望		つきあいの実情	
項目	%	項目	%
相談のできる親密なつきあいをしたい	3.2	お互いに訪問しあう人がいる	18.9
気軽に頼みごとのできるつきあいをしたい	41.4	立ち話をする程度の人がいる	41.3
あいさつていどのつきあいでよい	52.6	あいさつする程度の人がいる	32.4
あまりおつきあいはしたくない	2.8	つきあいはない	7.3

結果である。住民が望むつきあい方については「あなたは近所に住んでいる人とどのようにおつきあいしたいですか」という質問文、実際の近所づきあいについては、「あなたはふだん近所の人とどの程度のつきあいをしていますか」という質問文から特定した。

これを見ると、郊外である多摩市の住民の近所づきあいの願望と実情も、全国調査のそれと似通っていることがわかる。つきあい方の願望については、極端に積極的な願望や極端に消極的な願望は少なく、真ん中の二つの選択肢に回答が集中している。つまり、「ほどほど」の関係を望むのである。特徴的なのは、「あいさつていど」のつきあいを望む人が多いことだ。ここから「つきあいのない事態は避けたいけれどあまり深入りもしたくない」という郊外特有の複雑な住民感情が垣間見える。

実際のつきあい方についても、「立ち話」や「あいさつ程度」が大半を占める。深入りを避ける住民の心境を反映した結果である。その一方で、「お互いに訪問しあう」関係をもつ人も二割ていどいる。ここから近隣関係については、ほんのわずかの積極層と、深入りしないていどでよいと考えている多数派によって構成されていることがわかる。

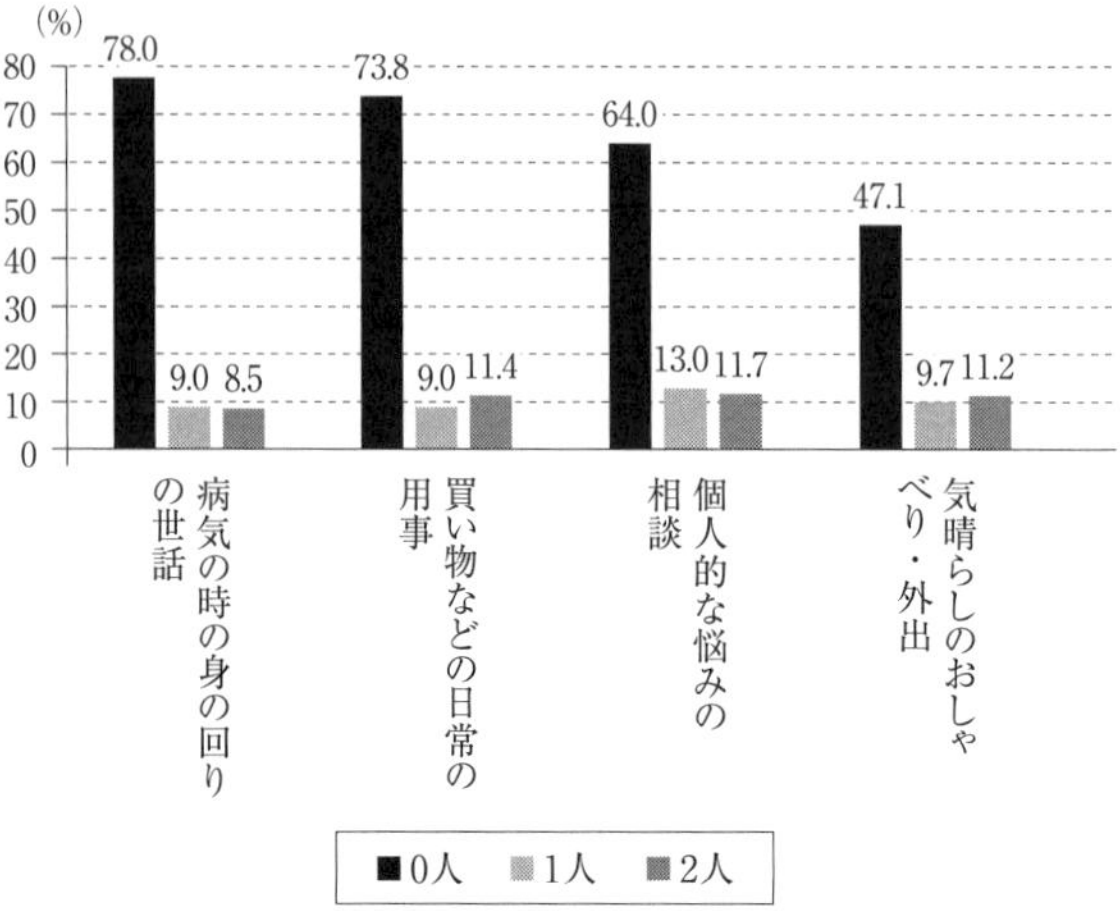

図5－8　近隣住民とのサポート関係

（2）サポート源としての近隣

・近隣住民のサポート力

次に、住民が近隣からどのていどのサポートを得ているのか、ネットワーク質問から検討しよう。この調査では、「病気の時の身の回りの世話」「買い物など日常の用事」「個人的な悩みの相談」「気晴らしのおしゃべり・外出」の各項目に対して、同居家族を除く近所（徒歩、自転車で行ける範囲）の人びと何人に頼れるのか尋ねている。図5－8はサポート人数が〇人～二人と答えた人の比率である。

この図5－8を見ると、多摩市の住民は気晴らしのおしゃべり・外出以外では、近隣の人びとにほとんど頼らないことがわかる。病気の時の世話、買い物など日常の用事、悩み事の相談において、サポート人数〇人の人は六四％から七八％とかなり多い。ここから、住民は生活上の用事や相談で近隣住民をアテにすることはほとんどない、と言える。この一連の結果は、住民は近所と〝ほどほどの付き合い〟しかしないとする先の結果と合致する。

気晴らしの交流については、前述の三項目よりも〇人と答える人は少ない。しかし、気晴らしの交流が活発だとは言いがたい。図5－8を見ると、気晴らしの関係がない人も全体の五割ていどを占めており、約半数の住民は近隣と気晴らしの付き合いすらもたないことがわかる。ここから、近隣とのつきあいは、まさに、それを望む人がもつ〝嗜好品〟だと言えよう。

・「一定以上の濃密さをもつ関係」の地理的拡散

最後に、郊外に住む人の「一定以上の濃密さをもつ関係」は地理的にどのていど拡散しているのか確認しておこう。この調査では、先の近隣のサポート人数とは別に、「日ごろ親しくし、頼りにしている家族・親族、友人・知人」について距離別に人数を尋ねている。以下では、自宅から三〇分未満のところに住む人を「近距離」、三〇分以上二時間未満のところに住む人を「中距離」、二時間以上離れたところに住む人を「遠距離」として、「一定以上の濃密さをもつ関係」の布置を確認しよう。

図5－9は、日頃親しくしている家族・親族および友人・知人の平均人数を距離別にまとめたものである。これを見ると、家族・親族は近距離、友人・知人は中距離を中心にネットワークを形成していることがわかる。その傾向は、日頃親しくしている家族・親族および友人・知人のいない人

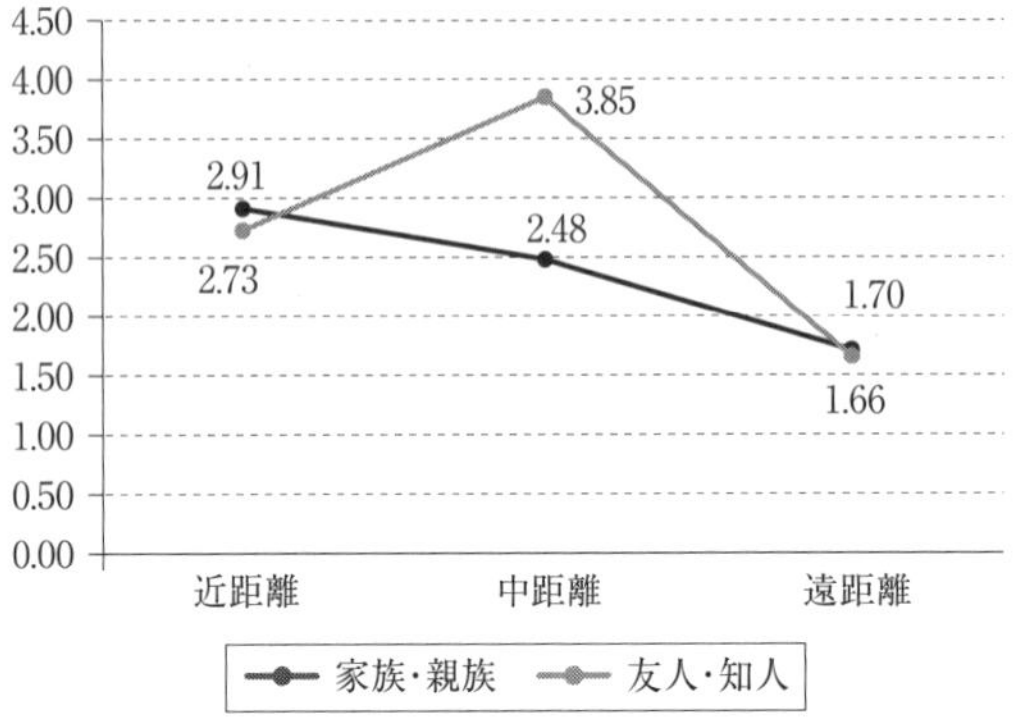

図5－9　平均サポート人数

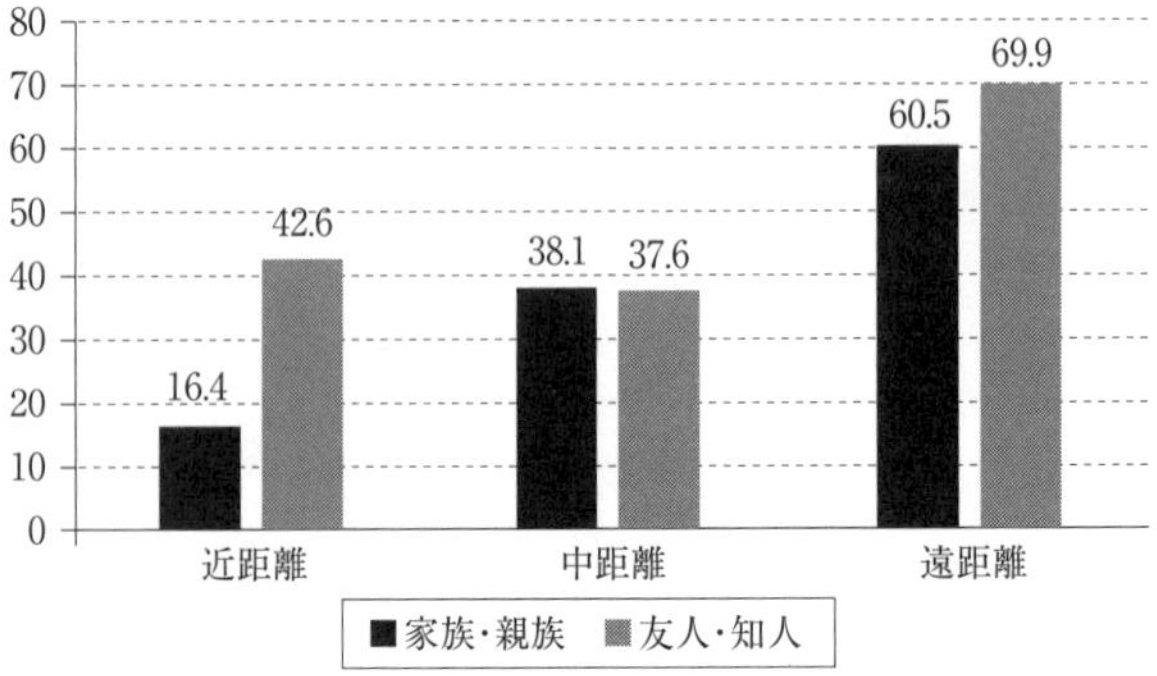

図5－10　親しく、頼りにする人がいない人

の比率を距離別に見た図5－10からも読み取ることができる。

日頃親しくしている家族・親族が近距離にいない人は一五％強にとどまる一方で、そういった友人・知人が近距離にいない人は四二・六％とかなり多い。それが中距離になると、家族・親族三八・一％、友人・知人三七・六％とその差はほぼなくなり、また、家族・親族、友人・知人の比率は逆転する。

ここから郊外に住む人びとは、地理的に近接した場では家族・親族以外とあまりつきあわず、友人・知人関係は自宅から三〇分以上かかる中距離に拡散していることが明らかになった。まさに、「一定以上の濃密さをもつ関係」の地理的拡散が見られるのである。

(3) 住民のサポート関係

以上の知見から、郊外住民のサポート関係についてまとめてゆこう。郊外住民の近隣からのサポートの受領状況を見ると、彼ら・彼女らの多くは近隣を頼りにせずに過ごしていることが明らかになった。日常の用事や病気の時のケア、相談を近隣に求める人は少なく、気晴らしの交流を行う人も半数程度である。また、日ごろ親しくし、頼りにしている家族・親族、友人・知人の布置を見ると、家族・親族は近隣に集中し、友人・知人は中距離に拡散していることが明らかになった。

ここから郊外住民のサポート関係および「一定以上の濃密さをもつ関係」について、次のようにまとめることができる。多くの郊外住民にとって、地理的に近接した「一定以上の濃密さをもつ関係」は家族・親族にとどまる。「愛情」という純粋性に裏打ちされた家族・親族関係は、情緒面・道具面において、高いサポート役割を担っている。

一方、「一定以上の濃密さをもつ関係」としての友人・知人は、地理的に拡散している。近隣の人びとは郊外の住民にとってサポート源でもないし、およそ四割の人びとは友人としても認識していない。第2節でも確認したように、「一定以上の濃密さをもつ関係」としての地縁は、互助関係、親密な関係のいずれの面においても劣化している。関係の選択化・純粋化が進んだ時代において、純粋性に裏打ちされた「一定以上の濃密さをもつ関係」は、住居をともにし地理的近接性も確保された家族・親族と、距離は離れても情緒的にはつながっている友人・知人とに棲み分けられているのである。したがって、そこに地縁が入る余地は少ない。

4　現代社会の近隣関係

本章では、地域のつながりが喧伝されるなか、地域社会の人間関係についての基礎的事実に焦点をあてて検討してきた。まず、「一定以上の濃密さをもつ関係」を論じた言説および実証研究についてまとめ、次に、全国調査、多摩市調査の順に地域および近隣関係の実情について確認した。そこから浮かび上がったのは、地域のつながりは、もはやそれを欲する人のみが保有する嗜好品と化している事実であった。

人びとが生命に対する要求を、人間関係を通じて処理していた時代、「一定以上の濃密さをもつ関係」は、閉鎖的共同体のなかに深く埋め込まれていた。血縁、地縁は濃密な関係の代表と捉えられてきたのである。

しかし、資本主義的生活様式の浸透とそこからの漏れを保護するセーフティネットの整備は、生命に対する要求と人間関係との結びつきを弛緩させた。それに付随して、必要性から〝結びつかねばならない関係〟は縮小し、自らの意思に応じて〝結合を選択できる関係〟が拡大した。「選択的関係」の主流化である。

「選択的関係」の主流化は「一定以上の濃密さをもつ関係」に質的変化をもたらす。生活の必要性によって重みづけられていた「一定以上の濃密さをもつ関係」は、必要性の比重を減らし、空いた部分を諸個人の関係そのものへの欲求で補った。かくして、「一定以上の濃密さをもつ関係」は、欲得抜きで相手とつながりたい欲求に裏付けられ純粋化した。純粋化した「一定以上の濃密さをもつ関係」には、もはや地域・近隣のつながりが入る余地は少なく、純粋性を下支えする愛情・親密性に裏付けられた家族・親族とのつながりや友人とのつながりが広がっていった。

全国調査、多摩市調査でもまさに同様の傾向が確認された。人びとは近所の人とつきあいたくないとは思わないまでも、あまり深くつきあいたいとは思っていない。実際のつきあい方も、「あまり行き来しない」「あまりつきあわない」「立ち話ていど」「挨拶ていど」の淡泊なものにとどまる。

近隣の人びとが情緒的サポートおよび道具的サポートの源として認識されるケースは少なく、それらのサポートの中心には家族・親族と友人が占めていた。とくに家族・親族のサポート力は強く、多くの調査で二番手を占める友人とも一線を画している。家族・親族が「愚痴を聞く」「喜びや悲しみを分かち合う」など情緒的なもの、「日常の手伝い」「資金援助」など道具的なものを問わず高いサポート力を発揮するのに対し、友人・知人の機能は「愚痴を聞く」「喜びや悲しみを分かち合う」など情緒的なものが中心となる（表5-1）。また、多摩市調査から友人関係は、行為者の住まいから中距離の位置に拡散していることも明らかになった。

以上の知見から、関係が選択化するなか、感情を基軸として結ばれるようになった「一定以上の濃密さをもつ関係」は、同居あるいは近場に住み全人的なサポートを提供してくれる家族・親族関係と、その外縁にあり、気晴らしや感情の共有を軸に成り立つ友人・知人関係によって構成されている。[8] したがって、そこに地域や近隣の文字を見出すことは難しい。

第1節で述べたように、高齢化の進展、単身世帯の急増、財政の逼迫により地域の互助に対する期待は年々高まっている。にもかかわらず、互助を期待しうる「濃密な関係」は、地域や近隣には見られない。つまり、孤立への打開策として、近隣に期待するのは難しいということだ。これが量的データで鳥瞰的にあぶり出された地域の実情である。

私たちは、地域への目線を希釈化させ、個人の生活を優先するシステムに、もう数十年もつかり続けてきたのである。地域の人とつながらない選択肢が用意されるなかで、あえて煩わしいものとかかわろうとする人はまれだろう。つづく第六章では、地域でつながりを再編する難しさについて、事例をもとに検討してゆく。

注

(1) 調査対象は多摩市の五つのエリアに住む三〇歳から七九歳の男女二五〇〇人である。調査方法は郵送法であり、有効回収数は一〇八六票、有効回収率は四三・四％である。

(2) 都市社会学のなかで広く受け入れられているのは、両者がシカゴ都市社会学を発展的に捉えなおしたという解釈である（赤枝 2015）。しかし、本章ではそのような視座を採用せず、両者の議論を「一定以上の濃密さをもつ関係」の質的転換を象徴するものとして解釈する。それにより、新たな人間関係論的視座を提示したい。

(3) ウェルマンは、厳密には「第一次的接触」ではなく「第一次的紐帯」という言葉を用いている。この変更はウェルマンの立ち位置を考える意味でも重要である。なぜなら、「第一次的接触」は家族や近隣などの中間集団との接合を表すのに対し、「第一次的紐帯」は二者間の関係のネットワーク的接合を表す言葉だからだ。つまり、ウェルマンの言葉の変更は、関係の形成軸が集団ではなく個人に推移したことを表しているのである。

(4) ウェルマンは論文中において、第一次的接触の縮小、存続、解放ではなく、コミュニティ喪失、存続、解放という言葉を使っている。

(5) 調査対象は、『日本人の意識調査』が一六歳以上、『社会意識に関する世論調査』が二〇歳以上（掲載図表の年度のみ）で統一されている。一方、『国民生活選好度調査』は実施年度によって二〇歳から六〇歳未満、一五歳から七五歳未満など対象年齢にばらつきがある。

(6) 『高齢者の健康に関する意識調査』は二〇〇二年、二〇〇八年、二〇一二年のものを使用する。調査対象はいずれも日本に住む人で、二〇〇二年のみ六五歳以上を対象とし、二〇〇八年と二〇一二年は五五歳以上を対象としている。『生活と支え合いに関する調査』は二〇一二年に実施され、二〇歳以上の人を対象としている。『日本版一般社会調査（ＪＧＳＳ）』はパーソナル・ネットワーク調査が行われた二〇〇三年のデータを用いる。調査対象は二〇歳から八九歳の男女である。

（7）『日本版一般社会調査』は「悩みの相談相手」との間柄について、四人特定している。そのため、本章では当該カテゴリーの間柄について四人のうち一人でもあげた場合、当該の間柄の関係ありとした。

（8）ここから郊外と日本社会との連続性を読み取ることもできる。周知のように日本社会における都市居住者比率は他国に比べて高い。人口動態調査によると、二〇一四年一月一日時点での三大都市圏居住者比率は五〇・九三％にもおよぶ。日本社会に住む人びとの多くが郊外または都市住民であるならば、当然ながら鳥瞰的なデータにはそれが反映される。それゆえ、日本社会を対象としたデータと郊外を対象としたデータの分析結果は類似するのである。この点に鑑みると、本章の郊外社会のデータは、日本社会の多くの地域の実情を反映しているとも考えられる。

第六章　なぜ私たちはつながらないのか
──都市郊外の研究から

1　コミュニティの十字架を背負って

一九九〇年代半ば以降の行財政の逼迫と単身化・高齢化の進展により、地縁関係に再度注目が集まりつつある。家族関係が縮小し、身体能力にも衰えを感じるなか、行政に頼ることも難しい。そこで浮上したのが地域なのである。しかし、第五章で振り返ったように、日本社会・郊外社会における近隣のつながりは活発とは言いがたい。その最大の理由は、私たちの社会が地域住民の間で協力するシステムを整えてこなかったことによる。以下、簡単に説明しよう。

私たちの生活する社会は資本主義経済システムによって支えられている。このシステムは、私たちを地域から切り離す側面がある。資本主義社会において資本の一部である労働者は、産業構造の転換とともに移動を余儀なくされる。高度経済成長時の都市圏に向けた大規模な労働移動は、太平洋ベルト地帯への資本投下により引き起こされたものである。つまり、資本主義経済システムは、資本が集中投下されるところに労働者を強制的に移動させる側面がある。

移動は強制によってなされるだけではない。労働者であると同時に消費者でもある私たちは、土地をも消費の対象に変える。資本主義社会のなかで土地は先祖代々引き継いでゆくものではなく、自らの資金力と好みに応じて選ぶものになる。したがって、地域に根付くという意識は大幅に縮小する。戦後の郊外はこのような土地観を代表するものだ。

とはいえ人びとは、いずれかの〝土地〟に〝住まなければ〟生活できない。しかしながら、そこでの生活は地縁関係を促進するものではない。資本主義経済システムの浸透とともに、私たちの生活は、労働による賃金の獲得とその消費により維持されるようになった。その過程で、地域住民どうしの共同の必要性は大幅に縮小した。私たちの生活は貨幣を仲立ちとして得られる生活必需品および生活サービスにより維持され、そこから漏れ出た人たちは社会保障によって支えられる。私たちの社会は、個人の生活という単位で見れば、さしあたり地域の人びととつきあわなくても存続できるように整備されつつある。

こうしたなか、地域社会では、人びとがつながるに足る理由付けの確保——共同性の再編——に四苦八苦している。このような欲求の受け皿として取り入れられたのがコミュニティ概念である。

コミュニティ概念を人口に膾炙したのが、国民生活審議会調査部会コミュニティ問題小委員会による『コミュニティ――生活の場における人間性の回復』（国民生活審議会 1969）である。この小論考では、コミュニティを「生活の場において、市民としての自主性と責任を自覚した個人および家庭を構成主体として、地域性と各種の共通目標をもった、開放的でしかも構成員相互に信頼感のある集団」（国民生活審議会 1969：155－156）と定義している。このような集団が、目標の実現を通じて、「人間性の回復と真の自己実現」（国民生活審議会 1969：163）をもたらすのである。「自主性と責任」をもつ「個人および家庭」による「開放的」な集団という定義には、閉鎖的、集団的な共同社会がアンチテーゼとして据えられていると見てほぼ間違いない。論文では、自治省の調査をもとに「伝統的な愛着心や心のつながりとは別に、権利と責任を自覚した個人の主体性に支えられた人間的な住民相互における信頼関係の芽ばえを」（国民生活審議会 1969：165）コミュニティの萌芽と捉えている。

政策的言説としてのコミュニティは、根無し草と化した郊外に構築されるべき「理想の地域像」を提供した。コミュニティを提唱した政策文書には、「住民ひとりひとりが」「自発的に結びつき」「地域の発展に貢献する」といった〝甘い言葉〟が並ぶ。

〝甘い言葉〟によって行政がコミュニティづくりを唱道する構図は、コミュニティ政策開始からおよそ五〇年を経た現在も変わらない[(1)]。躍起になってコミュニティを喧伝する姿は、コミュニティ政策開始から五〇年を経たいまでも、私たちの社会にコミュニティが生まれていないことを皮肉な形で証明している。

本章では、多摩市において固有の特徴を有する三つの地区のコミュニティセンターの運営事例から、住民たちの地域づくり・つながりづくりについて、それができなかった理由も含めて分析してゆく。(2)

2 郊外都市多摩市の概要

2-1 多摩市の沿革

(1) 多摩市の地勢

東京都の中南部に位置する多摩市(図6-1)は、東京都心から私鉄を乗り継ぎ、約三〇分のところに位置する。市域は東西約七キロメートル、南北約四・八キロメートルで、面積は二一・〇八平方キロメートルである。北は日野市と府中市、東は稲城市、南は町田市と神奈川県川崎市多摩区、西は八王子市に接している。二〇一八年四月一日の人口は一四万八六五四人(住民基本台帳)、六五歳以上人口比率は二七・八%である。

多摩市の景観を論じるさいに避けて通れないのが開発のインパクトである。多摩市(多摩村)は、戦後最大の宅地開発、多摩ニュータウンによって全国的に一躍有名になった。多摩市は市域の一二四七ヘクタール、割合にして実に約六〇%がニュータウン開発に編入されている。自治体の六割が国策的に開発された地域というのは、他に類を見ない。

資料：井上公人作成

図6－1　多摩市の位置

ニュータウン開発が市の南部であれば、北部は大手私鉄α社を中心とした民間資本によって開発されている。国策的に開発された南部と民間資本によりスプロール的に開発された北部は、戦後の郊外開発の痕跡をいたるところに異なった形で残してきた。結果として、多摩市の諸地区は開発年次や開発主体に応じて異なった表情を見せる。いわば、宅地開発のエキスを結晶化させた地区連合体のような特性をもつ。したがって、多摩市は、開発された郊外の、つながりにまつわる諸問題および処方箋を多角的に検討するに当たり格好の事例を提供してくれる。

(2) 多摩市の人口動態

多摩市の人口動態も、同市が経験した宅地開発のすさまじさを体現している。図6－2は一九二〇年から二〇三一年までの多摩市の人口動態である。二〇一六年以降は推計となっている。これを見ると、多摩市の

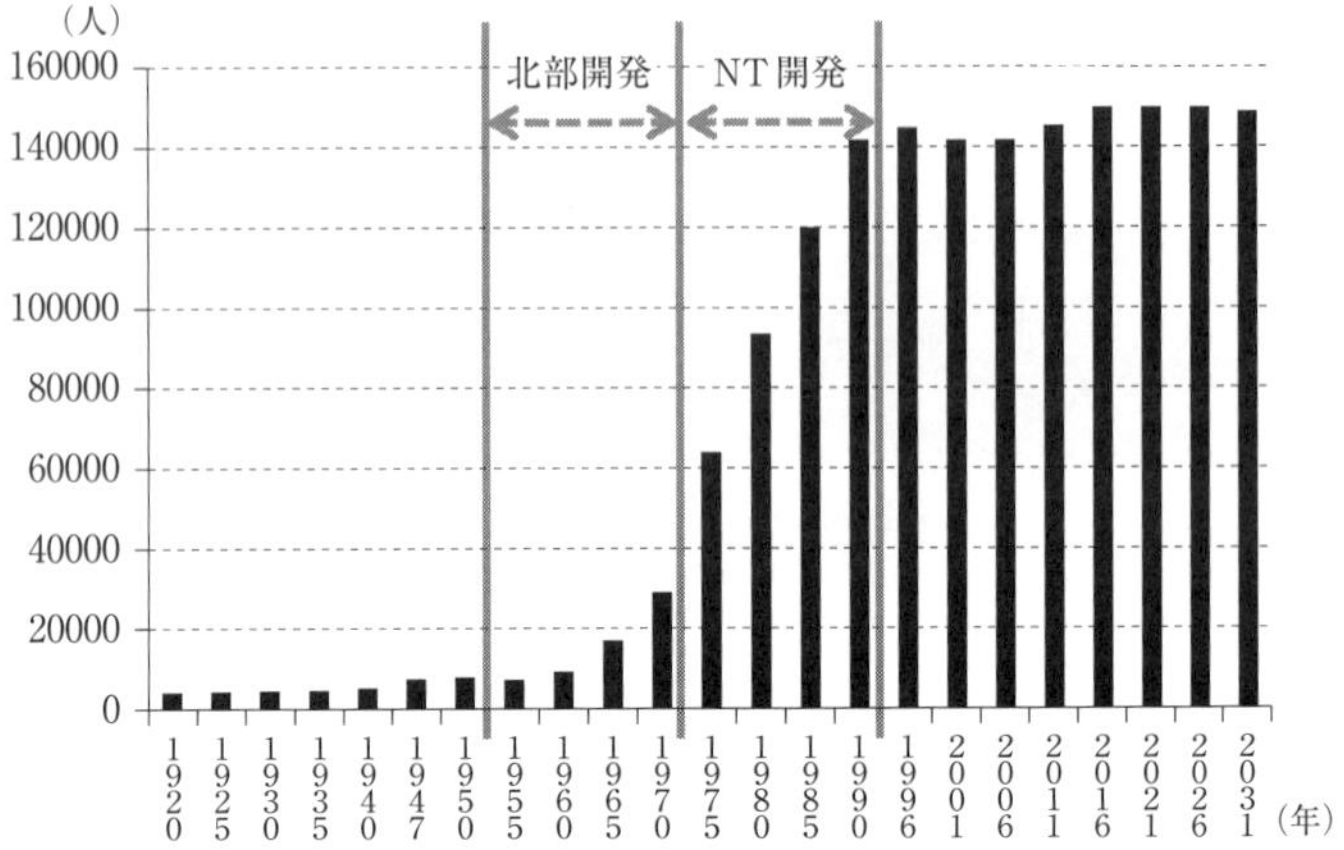

注：『多摩市史資料編 4』p.956 から作成。1950 年以前は国勢調査、1955 年～ 1990 年は『統計多摩』（平成 8 年版）、1996 年以降は『多摩市地域福祉計画平成 24 ～ 28 年度』に基づく。なお、1955 年の人口減少は、連光寺下川原地区の府中市編入による。

図 6 － 2　多摩市の人口動態

人口は一九二〇年代から一九五五年まではそれほど大きな変化は見られない。しかし、北部の開発が本格化する一九六〇年から七〇年にかけて、まちの人口は急速に増えてゆく。その勢いはニュータウンの初期入居があった一九七〇年から七五年の間にさらに加速し、多摩市でのニュータウン開発がほぼ終了する一九九〇年まで続く。この図は多摩市が宅地開発を通じて、外部から多くの住民を取り込んだことを明瞭に示している。

背景を異にする人びとが大量に流入した地域では、新住民どうしあるいは旧住民と新住民による〝共同性の再編〟という課題が必然的に発生する。そこで、次に、本章で分析対象とした三つの地区の特性を簡単に確認しておこう。

2－2　三地区の特性

（1）地区概要

今回、分析対象とするのは、比較的階層の高い人が集住する戸建て住宅地区（T１）、低・中階層の人が集住する賃貸団地地区（T２）、第二次世界大戦前から住んでいる人と高度経済成長以降の新住民とが混在する混在地区（T３）である。まず、それぞれの地区の概要を簡単に説明しよう。

T１は、大手私鉄α社が高階層の人びとを射程に宅地造成した高級住宅地区である。小高い丘に位置する地区内に集合住宅はほとんど見られず、建てられている住宅の敷地も一〇〇坪ていどと相当広い。建設開始は一九六〇年であり、一九七〇年までに一四五〇区画が分譲され、三〇戸の建売住宅が売り出された。造成当時はα社の社長もT１に住んでいた。それ以外にも管理職、専門職の人びとが数多く住んでいる。

T２は、多摩ニュータウンの初期開発の地区である。入居開始は一九七二年と二番目に旧い。また、この地区は都が主体となって開発した点で他のニュータウン地区と異なる。開発年次が旧かったため、地区にはエレベーターなし、内階段の箱形住宅が並ぶ。いわゆる旧来的な団地型の住区である。都営団地や公社住宅が林立する地区の住民は、階層もあまり高くはない。一九九八年時点で、東京都により賃貸二〇二七戸、分譲九三一戸が建設されている。

多摩市を東西に走る幹線道路の南側に位置するT３は、多摩ニュータウン計画に入っているものの、区画整理によって大規模宅地開発を免れた。一九七〇年代まで農村としての景観を維持していたため、地区内には地付き層がかなり残っている。そのような事情を反映してか、T３を構成する五つの自治会の会長は、地付き層で固定されている。また、地域に古くから存在する講のつながりも未だに残っている。

しかしその一方で、地主層が建築したアパートやマンションなどの集合住宅、一九七〇年代以降に新たに進出してきた民間企業による集合住宅も混在する。そのためT３には、まとまりの強い旧住民層と個々分断された新住民層が入り交じっている。以上の特性から、T３は昔の「ムラ」の姿を多少なりともとどめつつも、新住民が急激に流入した混在地区と言える。

（2）データによる確認

それぞれの地区の概要についてデータからも簡単に確認しておく。表６－１は、それぞれの地区の居住形態である。

高級住宅地区であるT１は持ち家、すなわち、戸建てが多く、ニュータウン開発地区であるT２は公営の借家と都市機構・公社の借家が多くなっている。一方、T３は持ち家と民営の借家が半々くらいである。これは戸建て住宅を有する地付き層、新規に一戸建て、分譲集合住宅を購入した新住民、民営のアパートやマンション住まいが混住しているためである。いずれにしても、各地区でかなり異なった町並みを見せることがわかる。

次に、それぞれの地区の年齢別人口比率を確認しておこう。表６－２は二〇〇〇年から二〇一〇

表6－1　各地区の居住形態

	持ち家	公営の借家	都市機構・公社の借家	民営の借家	給与住宅	間借り
多摩市	52.56	7.83	12.67	24.69	1.28	0.98
T1	83.92	0.00	0.00	11.78	1.55	2.74
T2	31.04	52.87	6.73	7.93	0.93	0.50
T3	44.15	1.86	0.00	49.47	2.91	1.61

資料：『国勢調査』

表6－2　各地区の年齢別人口比率

	0〜14歳人口比率			15〜64歳人口比率			65歳以上人口比率		
	2000	2005	2010	2000	2005	2010	2000	2005	2010
多摩市	12.94	11.75	12.01	75.98	72.50	67.05	11.08	15.75	20.93
T1	8.33	8.62	8.94	65.01	61.23	58.24	26.66	30.15	32.82
T2	13.85	10.70	9.23	74.18	68.44	60.68	11.98	20.86	30.09
T3	16.52	15.66	13.30	75.24	76.09	75.80	8.21	8.25	10.90

資料：『国勢調査』

年までの多摩市と各地区の年齢別人口比率をまとめたものである。

多摩市全体を見ると、徐々に高齢者比率が増えている。その傾向は団地地区に一層顕著である。T2の六五歳以上人口比率は五年ごとに一〇ポイントずつ増えている。かなり急激な高齢化を経験していると言えよう。T1も二〇〇五年から二〇一〇年にかけて、ややそのスピードが弱まったものの、多摩市のなかでは高齢化率が高い。一方、T3は高齢化の速度も緩やかで、かつ高齢化率も高くない。

広域的に開発された地区の高齢化率の高さの原因は、ライフステージの共通性に求められる。一定の暦年に数千世帯を対象に開設される開発地区は、似たようなライフステージの人びとが同一地区に一斉に入居する。入居時期の同じ人たちは、当然ながら一斉に齢を重ねるため、開発地区では急激な高齢化を経験する。表6-2は、民間資本によって高階層を対象に開発された地区であれ、行政によって低・中間層を対象に開発された地区であれ、開発による高齢化問題は避けられないことを示している。

もう一つ言えるのが、再生産人口の問題である。開発地区でも、子ども世代が地域にとどまれば、高齢化率はそこまで高くならない。開発地区の高齢化率の高さは、間取りの関係上子どもの残留が難しいT2はさておき、十分広い住宅をもつT1においても見られる。

後述する聞き取り調査の結果からも、開発地区は多摩市にとどまる人が少なく、昔ながらの人がいる地区は多摩市にとどまり三世代同居・近居をする人が多いことは明らかである。地元意識をもたず、外部からの流入者により構成される開発地区は、その子どもも地元意識をもつことなく、外部に流出してしまうのである。結果として、高齢世帯の孤立問題は、広域的に開発された地区ほど先鋭的に現れる。

本章では、各地区において住民がどのように関係を結び、「コミュニティ」を築き上げてきたのか、コミュニティセンターを事例に検討する。調査はコミュニティセンターのスタッフへの聞き取り調査、コミュニティセンターが主催する祭りへの参与観察、コミュニティセンターの広報誌の内容分析の三つからなる(3)。

聞き取り調査は、二〇一三年から二〇一四年にかけて、各コミュニティセンターのスタッフに一時間から二時間ほど実施した。調査対象の人数は五六名におよぶ。参与観察のさいには、コミュニティセンターの主催する祭りに準備段階からボランティアとして参加して、データを集めた。内容分析は、各コミュニティセンターが月に一度発行している広報誌を対象とした。

また、結果の補足として、コミュニティセンターのスタッフ以外への聞き取り調査の資料も利用する。なお、調査結果を掲載するさいは、対象者の匿名性に配慮するため、詳しい役職名などは省略する。つまり、コミュニティセンターのスタッフであれば、「スタッフ」としてそれ以上の情報は記載しない。

3 コミュニティセンターの概要

多摩市のコミュニティ行政の発端は、全国的なコミュニティブームとほぼ重なる。ニュータウン開設とともに急激な人口増が見込まれた多摩町（現、多摩市）は、昭和四六（一九七一）年に多摩町総合計画（第一次総合計画）を策定する。

総合計画の「「基本構想」（昭和四六年）では、未来の都市像として『太陽と緑に映える都市』を掲げ、「社会連帯感に支えられ、住民意識の高まりを土台とする新しい地域社会の誕生」をめざしている」（多摩市コミュニティ行政研究会 1997：7）。その中心に据えられたのが「コミュニティ形成計画」である。

第一次総合計画では、小学校区ていどの広さをコミュニティの単位に定め、施設の整備や地番の整備を行った。しかしながら、急激な人口増加により、行政が策定するコミュニティエリアは変更を余儀なくされる。第二次総合計画（昭和五六年から平成二年）において、ゾーニングの設定と体系的な施設整備が目指されるとともに、第三次総合計画（平成三年から平成一二年）では、市内に一七のコミュニティエリアが設定された。このエリアは「市民のエネルギーや創意が生きる、地域の特性に沿った、よりきめ細かな活動の場づくり」を探求するための「拠点」「ブロック」という意味合いをもつ（多摩市くらしと文化部コミュニティ文化課 2002：9）。

コミュニティセンターは、各エリアにおいて「世代を超えた市民相互の豊かなふれあいの場」「市民のまちづくり活動のエリアにおける拠点」「コミュニティづくりの媒体」を「施設コンセプト」として設立された（多摩市くらしと文化部コミュニティ文化課 2002：10）[(4)]。センターの運営は、地方自治法第二四四条の二第三項に基づき、「地域住民を中心として組織された団体であって市長が指定するもの」（条例第一七号第三条）、すなわち、「指定管理者」に委託されている。ひらたく言えば、地域に住む人びとによって運営することを定められているのである。

各コミュニティセンターはエリアの住民により構成される運営協議会を結成し、協議会がセンターの運営を行う。協議会には会長、副会長を中心とした運営委員と事務作業を担う事務長がいる[(5)]。運営委員はエリアの住民が担い、事務長はエリア外のものでも就任可能である。ただし、コミュニティセンターまで公共の交通手段を使って通うことを求められる。スタッフのうち事務長と、その仕事を補佐するパートの事務員のみ有償であり、(6) それ以外は無償ボランティアとなっている。

運営協議会は文化事業部、まちづくり部といった部会に分かれ、それぞれに事業を運営している。また、それとは別に「祭り」や「新年会」などセンター全体がかかわる行事が存在する。行事や部会の構成は各コミュニティセンターに任せられているため、同じハコモノの運営とはいえ、運営方針は地区によってかなり異なる。したがって、当然ながら、運営方法には設立地区の特性が反映される。

その一方で運営のばらつきを統制する動きもある。(7) 多摩市役所では、月に二回会長等が集まってコミュニティセンターの運営協議会連絡会を開いている。そこでセンターの運営について相互に確認し合う。また、市が開催するスタッフの研修会もある。しかしながら、「事業はかなり自由です」という市役所担当者の言葉にもあるように、営利を目的としなければ、各センターの裁量は大きい。

以下では、それぞれの地区のコミュニティセンターの運営事例を通じて、住民の地域づくり・つながりづくりの様相を検討してゆこう。

4 住民が織りなす「コミュニティ」

4-1 戸建て住宅エリアとして開発された地区（戸建て地区T1）

(1) コミュニティセンターの運営

まず、コミュニティセンターが発行する広報誌『さくら通信』から、コミュニティセンターの運営状況を確認しよう。表6-3は、広報誌をもとに二〇一三年四月から二〇一四年三月の行事をまとめたものである。残念ながら、四月、六月、一一月の広報誌を得ることはできなかった。

これを見てまず感じるのが事業の多さである。定例企画以外にも、ほぼ毎月のように何かが行われている。聞き取りで得られた「協議会の主催事業は活発」という言葉に偽りはない。

第二に目につくのが、有料イベントの多さと単価の高さである。実施されるイベントの大半は有料であり、また、単価も高い。コミュニティセンターではなく、地域の福祉施設で働く職員への聞き取りの結果であるが、以下の言葉は地域の状況を的確に表している。

何よりも経済的に恵まれている。多少高くても美味しいものを食べたいというニーズがある。デイサービスの昼食で九〇〇円も取れるのはここしかない。

表6－3　T１コミュニティセンターの運営（2013年度）

		4月	5月	6月	7月	8月	9月	10月	11月	12月	1月	2月	3月
定例企画	パソコン		メディア倶楽部		メディア倶楽部		メディア倶楽部	メディア倶楽部		メディア倶楽部	ふれあい会	メディア倶楽部	メディア倶楽部
	福祉		ふれあい会		ふれあい会	ふれあい会	ふれあい会	ふれあい会		ふれあい会		ふれあい会	ふれあい会
	文化		歌の広場（100円）		歌の広場（100円）		歌の広場（100円）	歌の広場（100円）		歌の広場（100円）	歌の広場（100円）	歌の広場（100円）	歌の広場（100円）
	食事		体操とアフタヌーンティー（300円）		介護講演と食事（500円）	骨密度測定	体操とアフタヌーンティー（300円）	津軽三味線と秋の味覚（500円）		オカリナ演奏と食事（500円）		ギター・ハーモニカと食事（500円）	長寿後援と食事（500円）
文化企画	文化・芸術				ヴァイオリン・ピアノコンサート（600円）			合唱祭		クリスマスファミリー劇場	ニューイヤーコンサート（800円）	ミニコンサート（600円）	落語の会（500円）（2月の延期）
	教養	資料なし		資料なし	ゆうあい学館（サハラ砂漠とボランティア援助活動）（100円） 文化講座（アベノミクスは国民を幸せにするか）（600円）		ゆうあい学館（人の体の不思議について）（100円）	スウェーデンDAY（800円）	資料なし	DVD鑑賞と芋煮会（300円）	文化講座（地球上で考える『幸せの知恵』）（600円）		
	制作等				男の料理（500円）	盆踊り指導	庭木剪定講座（300円）	陶芸教室（1500円）			凧づくり、凧揚げ（大人300、子ども200）	男の料理（500円） 庭木剪定講座（300円）	
	野外		大人の工場見学（小澤酒造）（100円）				歩こう会（稲城梨もぎ）（100円）			大人の工場見学（森永乳業）（100円＋交通費） 植物観察会（400円）			
催事		端午の節句祭				夏祭り				クリスマスディナーショー（2500円）	新年会（1000円）		ひな祭り
その他			防災訓練			はっぴ貸し出し（子ども御輿用）							

注：広報誌『さくら通信』から作成。

他のセンターと類似したイベントの単価を比較しても、たいていのものは最も高い。最高額のイベントであるクリスマスディナーショーは、他の地区のクリスマスイベントに比べると〝破格〟と言ってよい。とはいえ、住民・スタッフとも、こうしたイベントを楽しみにしているようで、「早めに来て外で正装しているおじいちゃまおばあちゃまを見ているとやる気が湧く。」そうだ。

第三の特徴は、文化・教養関連行事の多さである。また、イベント自体も地域にとどまらず、幅広い社会を射程としているものが多い。表の「教養」の行を見ると、政治、ボランティア、国際関係など多彩な項目が並んでいる。文化・教養に分類しなかった「食事」イベントにも「アフタヌーンティー」や「津軽三味線」「オカリナ演奏」など、いわゆる「高級文化」志向が垣間見える。

以上の分析から、T1コミュニティセンターでは、卓越した文化・教養を通じて、住民を結びつけていこうという姿勢が見られる。スタッフの「有名な人の話になると喜んで集まってくるのだけど。」という言葉は地域の実情をよく表している。

その一方で、旧来的な連帯形成の手法である「祭り」も活用している。スタッフは、八月に開催される夏祭りの目的について以下のように語っている。

T1「コミュニティセンターは子どもたちのふるさとづくりっていうことで、夏祭りにこだわってやっているんですけど。そういう意味では夏祭りが子どもたちの集まる拠点になって、そういうふうにここを意識してくれればいいなぁって思って。

このような活動を通じて、コミュニティセンターのスタッフたちは「コミュニティづくり」にどのていどの手応えを感じているのだろうか。引き続き聞き取り調査を中心に検討してゆこう。

（2）T1でのコミュニティづくり

センターのスタッフにコミュニティづくりへの手応えを尋ねると、一筋縄ではいかない状況が浮かび上がってくる。その要因は、①自立・自律的価値観の内面化とそれを実現しうる資源の保有、および②階層的に平準化された地域における民主性の重視にある。以下、順に見てゆこう。

・自立・自律的価値観の内面化とそれを実現しうる資源の保有

T1を担当する地域包括支援センターの職員から、地区の様相をうかがうと、「近隣関係は希薄です。社会的地位の高かった人独特の交わりにくさがあります。」という言葉が返ってきた。地位が高いゆえに、私的領域に入られること、協力して何かをやっていくことを拒む人が多いのである。センターのスタッフも「地域の交流はない。いわゆる下町の長屋のつながりはできない。プライバシーも重視するし。」「ここは住民の協力でなく、自分で解決するという雰囲気がある。」と語っている。

結果として住民を外に出すには、高階層の人びとの関心をくすぐる「有名な人の話」が必要になる。T1のような一括開発の高級住宅街では、高い階層および文化資本をもつ人を満足させうるプログラムを用意しなければ、住民は、なかなか出てきてくれないのである。

そのような状況にあるため、コミュニティセンターを通じた共同性の再編は難航している。かつてのスタッフで、自治会関係者でもあるAさん（仮）は、共同性づくりについて「難しいだろうねぇ。笛吹けど踊らずってやつだよ。」とやや白嘲気味に語っている。

・**階層的に平準化された地域における民主性の重視**

階層的に平準化された地域における民主性の重視傾向は、住民のつながりをさらに複雑にさせる。広域的に一括開発されたT1は、高階層地区ではあるが、地区内の階層分布はあるていど平準化されている。つまり、平等性が高いということだ。お互いにあまり共有するものもない「他人の集まり」のなかで、ほぼ均等の力を有する人びとが物事を決定するさいには、民主的手続きがとりわけ重視される。聞き取り調査をしていても「民主的な合意」という話はたびたび出てきた。

しかし、彼ら・彼女らの述べる「民主的な合意」はそう簡単ではない。T1コミュニティセンターのスタッフ、とくに男性スタッフは、大企業や高度専門職でしかるべき地位に上り詰めた人が多い。そのため、それぞれに「望ましい」と感じるモデルをもっており、それは互いに微妙に異なっている。

これらを調整し、合意にいたるのは容易ではなく、住民をして「ヘゲモニー争いがおきる」と言わしめるほどである。スタッフも、「ボランティアやコミュニティは善意の方向が違うのでまとめるのが大変だと思います。」と述べ、その難しさを認めている。

「意見がまとまらない」という言葉は、T1での聞き取りにおいてたびたび耳にした。このような現状を踏まえてか、まちが開かれて五〇年以上経過した現在でも、住民たちは「コミュニティづくりはうまくいってません。」と語っている。

(3) 小括

都心を離れた閑静な住宅街として造成されたT1には瀟洒な住宅が並ぶ。T1コミュニティセンターは、そうした街並みに相応しい意匠を備え、颯爽と開設された。その外装を反映するかのように、コミュニティセンターというハコには、高度な文化・教養を志向した事業が詰められている。T1の住民は、他に比べ卓越した文化・教養体験をするためにコミュニティセンターに集っている。

しかしながら、そういった試みが地域のつながりを生み出しているのかというと決してそうではない。住民は、コミュニティセンターの事業をあくまで「個人」として楽しみ、事業終了後には「個人」としてプライベートな空間に帰って行く。結果として、彼ら・彼女らは自らの地域に「コミュニティがない」ことを自覚する。

コミュニティづくり、つながりづくりの試みもあまりうまくいっていない。域外のそれぞれの場で、卓越した地位を築いた人びとの「地域の理想像」は、それぞれ微妙に異なる。何らかの活動を興すさいには、それが桎梏となり、住民どうしに「ヘゲモニー争い」が生じる。高階層の人びとが望みがちな民主的手続きは、市民的コミュニティ形成の最重要条件のはずであるが、それが機能しているとは言い難い。

T1の事例は、高階層で恵まれているとされる戸建て住宅の開発地区の問題を、明確に映し出しているのである。

4-2 公社・公営の団地が建ち並ぶ地区（賃貸団地地区T2）

(1) コミュニティセンターの運営

次に、T1とは一括開発という点で共通した特徴をもつものの、階層的には対照的なT2について見てみよう。表6-4は、T2コミュニティセンター「かえで館」が毎月発行する広報誌『かえでニュース』をもとに、かえで館の二〇一三年四月から二〇一四年三月までの行事をまとめたものである。ここから、T2コミュニティセンターの活動が、高齢者および福祉方面に特化している事実が浮かび上がる。

定例企画は、「サロン」、「ストレッチ」、「パソコン教室」と、いずれも高齢者を対象としたものが並ぶ。その他の企画でも、最も充実しているのが福祉関連の講座である。

文化・芸術企画は多少あるものの、その大半は、センターの貸室を利用しているサークルの発表である。したがって、T1のように住民の教養の取得を意識したイベントとは異なる。また、制作

表6－4　T２コミュニティセンターの運営（2013年度）

		4月	5月	6月	7月	8月	9月	10月	11月	12月	1月	2月	3月
定例企画	サロン活動				サロン（折り紙、詩吟）（弁当350円販売）	サロン（アクリルたわし講習（100円）、南京玉すだれ教室、みんなで歌おう）（弁当350円販売）			サロン（シニア法務相談会）（弁当350円）	サロン（お正月飾り制作）（1000円）	サロン（貝合わせ、合唱）（弁当350円）	サロン（映画鑑賞、朗読）（弁当350円）	サロン（和布加工・袋200円、巾着100円、朗読）（弁当350円）
	ストレッチ			簡単ストレッチ・ヨガ教室（100円）	簡単ストレッチ・ヨガ教室（100円）	簡単ストレッチ・ヨガ教室（100円）	簡単ストレッチ・ヨガ教室（100円）	簡単ストレッチ・ヨガ教室（100円）	簡単ストレッチ・ヨガ教室（100円）	簡単ストレッチ・ヨガ教室（100円）	簡単ストレッチ・ヨガ教室（100円）	簡単ストレッチ・ヨガ教室（100円）	簡単ストレッチ・ヨガ教室（100円）
	パソコン教室		シニアパソコン教室（テキスト1200円）	シニアパソコン教室（テキスト1200円）		シニアパソコン教室（テキスト1200円）	シニアパソコン教室（テキスト1200円）	シニアパソコン教室（テキスト1200円）	シニアパソコン教室（テキスト1200円）	シニアパソコン教室（テキスト1200円）	シニアパソコン教室（テキスト1200円）	シニアパソコン教室（テキスト1200円）	シニアパソコン教室
その他企画	文化・芸術			フラワーコンサート		サマーコンサート			ロビーコンサート（100円）	クリスマスコンサート		新春芸能大会	ヴァイオリン・ピアノコンサート（500円）
										映画上映			東愛宕中学卒業コンサート
	福祉関連			足裏測定健康教室（100円）			普通救命講習（テキスト1400円）	福祉何でも相談会	足裏測定健康教室（100円）		地域生活講座（携帯写真とメール）（60歳以上）	地域生活講座（ヘルスアップ教室、詐欺商法にご用心）（60歳以上）	
									検診結果の見方			連続講座高齢者と認知症	
	制作等			男の料理教室（400円）		生け花教室（親子200円）				親子でしめ飾りづくり（200円）			男の料理教室春野菜（400円）
													ひな祭りお茶会（200円）
	野外								ウォーキング				
催事								かえで館祭り			賀詞交換会		
その他				七夕のつどい	浴衣着付け								

注：広報誌『かえでニュース』から作成。

系の企画や催事もそれほど多いわけではない。

以上の分析から、T2コミュニティセンターは、高齢者を対象とした福祉事業を活動の中心に据えていることが明らかである。その背後には、都営団地が林立し、地区として高齢者福祉問題にあたらざるを得ない事情がある。スタッフの言葉からも、福祉コミュニティの拠点として、センターを活用しようとする意欲を感じ取ることができる。たとえば、以下の発言である。

時々孤独死もある。みんなをフォローしきれているかというとそうはならない。そのなかでコミセンが何ができるかというのがテーマ。ただ、コミセンが音頭を取るというのも難しいところがある。行政とのタイアップも必要。個人的な考えだが、こういうところ（コミセン）が核になってキーステーションになるようにするのが方向だろう。そのためには運営している母体が、どうしていけるか考えないといけない。

このような発言と裏腹に、福祉コミュニティの拠点としてセンターを機能させる活動は、あまりうまくいっていないようだ。スタッフの「何かいい方法があったら教えてくださいよ」という言葉には、彼ら・彼女らの苦悩が表れている。

では、スタッフの「地域づくり」を阻んでいる要因は何なのだろうか。聞き取り調査から検討したい。

（2）福祉コミュニティの阻害要因

T2のコミュニティ形成を阻んでいる要因として、①団地特有の近隣への関心のうすさと個人情報の壁、②都営住宅に固有の地域活動の難しさの二つがあげられる。以下順に検討してゆこう。

・団地特有の近隣への関心のうすさと個人情報の壁

戦後の郊外研究でも指摘されるように、団地の人間関係は相対的に淡泊である（磯村・大塩編1957）。T2団地も決して例外ではなく、当該地区を担当する地域包括支援センターの職員からは、「ここは人間関係の希薄な地域。」と言われているほどだ。コミュニティセンターのスタッフも、「若いときの家同士の付き合いはない。同じ階の両隣とさらにその隣くらい。あとはほとんどなにもない。挨拶もしないし、返事もしない。」と近所づきあいの少なさを嘆いている。

近所づきあいの少なさは、地域への無関心につながっている。コミュニティセンターのスタッフは、先ほどの言葉に続けて、「今は自分の住居の自治会さえやらない人もいる。やり手がいないから抽選で決めるくらい。役員も出てこない。地域を盛り上げてやろうという人もいない。すぐに「嫌だ」と言ったり、「何のメリットもない」という。」と述べ、地域の現状を憂えている。

近隣との関係を嫌う傾向は、昨今の個人情報重視の風潮とともに、さらに強まっているようだ。スタッフからは、個人情報保護を盾にした地域からの撤退の傾向に対して、以下のように批判の声が聞かれた。

学校で「挨拶はするな」という。こっちが「おはようございます」と言っても何も言ってくれない。多摩市の不審者情報サービスもおかしいと思う。不審じゃない人まで入っている。個人情報で過保護にされすぎ。だから隣組みたいにならない。何かというと個人情報。うちの隣のおばさんでも個人情報とかでいろいろと拒否される。長屋みたいな付き合いがない。

近所の見守り活動はやれないことはないけどやってません。一人暮らしの老人は出てこないことが多いです。いつの間にか亡くなったなんていう話を聞きますよ。こちらから働きかけることはやっていません。市はやってくれと言うけど、個人情報保護法を何とかしてくれないと無理。それを何とかしてくれと言ってるんだけど……。

団地特有の地域志向の少なさに加え、個人情報の壁が住民へのアプローチをさらに難しくしている。スタッフは、こうした現状にいらだちを覚えつつも、試行錯誤を続けてゆく。しかしながら、都営団地に固有の事情が地域の結束をさらに難しくさせる。

・都営住宅に固有の地域活動の難しさ

日本の公営住宅制度は、公営住宅を一般向けの「国民住宅」から「救貧住宅」「福祉住宅」へと転換させていった（本間 2004）。この方針転換は、高齢者を含む現役世代の地域参加および次世代への継承のいずれにも負の影響を及ぼす。まず、現役世代の地域参加から見てゆこう。

収入制限のある都営住宅に入居している人は、生活に逼迫している人が必然的に多くなる。生活の逼迫は、彼ら・彼女らから地域活動に参加する時間的・心理的余裕を削いでしまう。コミュニティセンターのスタッフも、「ゆとりのなさ」と地域活動とのかかわりについて以下のように言及していた。

たいていは年金暮らしか母子家庭が多い。仕事をやっているから自治会活動には出られない。

したがって、地域活動への参加にあたっても金銭的報酬があるていど重視され、純然たるボランティアはなかなか難しい。住民は地域活動よりも賃労働を優先させがちなのである。

後継者の育成についても容易ではない。その理由は、T2団地の間取りと公営住宅制度にある。多摩ニュータウンのなかでも初期の開発で、住宅の量的供給を目的としたT2団地の間取りは、相対的に小さい。大半の居室の専有面積は四〇平方メートルくらいにとどまる。「間取りが狭いから二世代が住めない。だから子どもが出て行く。検討会はやっているけど具体策は出ない。」という言葉には、継承したくてもできない住民のもどかしさが表れている。

これにさらに、公営住宅の制限の問題が加わる。入居者の収入制限のある公営住宅では、制限を超える収入の獲得は、住民の退出、すなわち、引っ越しを意味する。この制度が世代間継承をさらに難しくさせる。

かりに、子ども世代が親との同居を願ったとしよう。しかし、子どもが〝しかるべき職〟に就き、一定水準の収入を稼ぐようになると、規定上、当該世帯は退居せざるを得なくなる。結果として、地区には親世代だけ残り、子ども世代は退居してゆく。以下の、コミュニティセンターのスタッフの言葉は、この問題の構図を象徴している。

子どもがいても、子どもが稼ぐようになると「出て行け」と言われちゃう。都営だから。でも、そうなると困っちゃう。

子どもが〝しっかり育った〟からこそ、地域を離れざるを得ないというのは実に皮肉な仕組みである。都営団地では、次世代を担い継承してゆくはずの人びとを自動的に退居させる仕組みが、システムとしてできあがっているのである。T2コミュニティセンターのスタッフは、このような条件を抱えながらも、地域づくりに奮闘している。こうした事実に私たちはもっと目を向けるべきである。

(3) 小括

東京都が一括開発を請け負ったT2団地は、少数の公社分譲団地と数多くの公営賃貸団地が建ち並ぶ。T2コミュニティセンターは、そのような住宅事情を反映するかのように、福祉および高齢者を射程とした事業を多数展開していた。しかしながら、福祉的コミュニティの形成はそう簡単ではない。そこには団地に固有の共同性のなさと戦後の公営住宅制度の問題を読みとることができる。出身地を異にする人びとを分厚い鉄の扉で隔てる団地には、もともと近隣関係を忌避する性質があった。昨今の個人情報保護の風潮は、地域からの撤退をより鮮明にし、外からの働きかけを一層困難にしている。関係の不在を裏付けるように、T2では、今回の聞き取り調査において、唯一「孤立死」という言葉を耳にした。

救貧・福祉の意味合いを強めた公営住宅は、住民の地域へのかかわりをさらに難しくさせる。身体の不自由を覚え出す年金生活者は、住民活動よりも自宅への引きこもりを選び、体力のある壮年世代は賃労働にかり出される。結果として、ボランティアで地域活動を行う人びとはかなり少なくなってしまう。

公営住宅の狭小な間取りと収入制限は、子世代の退出を促し、親から子といった二世代への継承を難しくさせる。子どもに「何らかの負の事情」がない限り一緒に住むことのできないシステムは、世代間継承の芽をそっくり摘んでしまう。

このように見てくると、公営団地の集住地区は、コミュニティを形成する要因を徹底して排除していることがわかる。コミュニティセンターのスタッフは、そのような地区特性を理解しながらも、必死の努力を続けている。

しかし、こうした事態の打開を住民の自発的努力のみに委ねるのは酷というものだ。かりに、コミュニティでの問題解決を望むのであれば、そのための条件整備は必要だろう。T2の事例は、団地地区におけるコミュニティ実践の難しさを示している。

4-3　新旧住民が混在する地区（混在地区T3）

(1) コミュニティセンターの運営

・主たる事業

最後に、混在地区T3の事例である。表6-5は、T3コミュニティセンター「ふれあい館」が毎月発行する『ふれあいメール』をもとに、ふれあい館の二〇一三年四月から二〇一四年三月までの行事をまとめたものである。これを見ると文化的な事業はあまり多くないことがわかる。定例の文化企画として粘土、生け花、編み物、囲碁・将棋、籐工芸が行われているものの、臨時で開催される文化企画はほとんどない。福祉活動も七月以降定期的に開催されている運動教室のみである。貸室の平均稼働率が三館のなかで最も低いことも勘案すると、総じて館内活動は少ないといってよい。

館内活動の少なさを補ってあまるほどの存在感をもち、また、T3コミュニティセンターを他館と比べて卓越したものにしている活動こそが催事である。表6-5を見ればわかるように、T3コミュニティセンターの活動は催事が際立って多い。丸括弧で括った共催の催事を除いてもほぼ毎月のように何かを行っている。そのため、スタッフは日々イベントの準備に追われている。「お祭りが多い。楽しんでやってるけどお休みがない。」という言葉は、スタッフの状況を象徴的に表している。

共催の行事についても、そもそも、コミュニティセンターのスタッフ・役員と自治会の役員、神社の氏子などがほぼ重なるため、コミュニティセンターで開催しているのとあまり変わらない。たとえば、地区で開催する盆踊りなどは「主催は自治会でコミュニティセンターは協賛だけど、ほとんどはコミュニティセンターでやる。」とのことだ。

では、このようなイベントはどのように運営され、目的はどこにあるのだろうか。聞き取り調査から検討したい。

・「催事」の意義

表6－5の「催事」欄に記載されたイベントには、伝統的な行事を引き継ぐもの（七夕飾り、盆踊り、祭礼、秋そば祭り、どんど焼き）(8)、新規的なもの（ラジオ体操、キャンプ、文化部展示交流会、クリスマスコンサート、桜祭り）の二つがある。これらのほぼすべてに通じるのが、①自主制作、②多世代参加である。

たとえば、どんど焼きに用いる茅や竹、七夕飾りの竹などは、地域から材料を採取して、地域住民で作成してゆく。作成の工程では、年配のスタッフが監督者または教師となり、地区の小学校や中学校の生徒とその保護者、青少年問題協議会の成員の作業を先導してゆく。

表6－5　T3コミュニティセンターの運営（2013年度）

	4月	5月	6月	7月	8月	9月	10月	11月	12月	1月	2月	3月
定例文化企画	粘土 生け花 編み物 籐工芸 囲碁・将棋	休刊	粘土 生け花 編み物 籐工芸 囲碁・将棋	粘土 生け花 編み物 籐工芸 囲碁・将棋	籐工芸 囲碁・将棋	粘土 生け花 編み物 籐工芸 囲碁・将棋	粘土 生け花 編み物 囲碁・将棋	粘土 生け花 編み物 囲碁・将棋	粘土 生け花 編み物 囲碁・将棋	粘土 生け花 編み物 囲碁・将棋	粘土 生け花 編み物 囲碁・将棋	粘土 生け花 編み物 囲碁・将棋
福祉				運動教室				運動教室		運動教室	運動教室	運動教室
催事			七夕飾り (7月まで)	ラジオ体操 キャンプ	ラジオ体操 （盆踊り）	（祭礼）	秋そば祭り	文化部展示 交流会	どんど焼き 準備 クリスマスコンサート・ピアノ、ヴァイオリンなど (500円)	どんど焼き		グランドゴルフ・芋煮会 （桜祭り）
その他				運営研修				防災訓練				

注：広報誌『ふれあいめーる』から作成。

これにより共同性の再編と多世代交流の実現を図っている。「とにかくつながりを作る動きをする。それも三世代に教えよう、引き継ごうとしてやっている。コミセンでやっているのはここだけだな。」という言葉には、スタッフの思いが滲み出ている。

比較的新しいイベントであるキャンプやラジオ体操にも幼少世代を呼び込むための工夫が盛り込まれている。たとえば、キャンプでは地元の小学生の参加を先着順に募り(9)、そのさい、保護者のボランティアとしての参加を義務づけている。これにより高齢者の多いスタッフ、中間世代の保護者、年少世代の交流が確保される(10)。センター前の広場にテントを張り、飯ごうやキャンプファイヤーで交流する体験は、夏休みの思い出として小学生の心に刻まれるだろう。

催事を通じた世代間の交流は、共同性の再編のみならず年少世代の「しつけ」にもつながっている。共同作業のさいには、年長者がふざけている小中学生に対して叱る姿も見られた。このようなやりとりを通じて、年少世代にも地域のルールが伝達されてゆく。

スタッフの「しつけ」に対する意識はふだんから徹底されているようだ。T3コミュニティセンターでは、夏場には広場で遊ぶ子どもたちに麦茶のサービスをしている。そのさいのやりとりについて、スタッフの一人は以下のように語っている。

ここでは麦茶のサービスをしている。でも、ただあげるだけじゃない。麦茶を飲むときは、手を洗う、いただきます、ごちそうさま、をきっちりさせる。前にそれをやっていたら、子どもの親がびっくりしていた。こういうのは子どもの親の教育にもなる。それがまた（年長者と）話す機会にもなる。

高齢世代、中間世代、年少世代がコミュニティセンターに集まり、共同作業を通じて共同性を再編してゆく姿は、地域づくりの「理想」のように見える。これらの活動を成立させる条件は何なのだろうか、また、活動をしていくうえで問題はないのか、引き続き事例を検討しよう。

（2）活動成立のために——T3の強み

T3コミュニティセンターの取り組みを成立させているのは、知識層の多くが「前近代的」と批判的に見ていた、いわゆる〝昔ながら〟の人間関係である。「子どもの頃から知っているので仲がいいですよ。どこにネットワークがあるのか、病気になった人、亡くなった人もみんな知ってます。少し離れたところに住んでいる人でも。」というスタッフの言葉にもあるように、旧住民たちのヨコのつながりは非常に強い。催事の準備のさいにも多くのスタッフがお互いを「姓」ではなく「名」または愛称で呼んでいる。このようなコミュニティセンターはT3以外には見かけなかった。

昔から住んでいる住民のなかにあらかじめ備わっている共同性は、事業の取り組みを円滑にさせる。聞き取り調査では、事業の進め方について以下の回答が得られた。

何となくやろうよっていう感じで、何人かで内々に話をします。そうすると、やろうってなるんですよ。

つまり、調整のコストがきわめて少ないのである。「民主主義は大事だけど、それだけではやっていけない。」という言葉からは、既存の関係に備わった共同性の強さを読みとることができる。コミュニティセンターの効率的・効果的な運営において、幼少の頃から育んだ共同体的関係に由来する「なんとはなしの空気感」は意外なほど大きな効果を発揮する。それはT1やT2が数十年望んできたが結局手に入れることのできなかった空気感なのである。

センターを中心とした〝市民的コミュニティ〟の形成にあたり、農村に由来する共同体的気質が効果を発揮するというのは皮肉な事実である。T3の事例は、長い年月にわたって蓄積され、世代を超えて引き継がれてきた「空気感」の強みを示している。

(3) 地域活動の問題点

その一方で、問題がないわけではない。その最たるものが継承性と新住民の参入である。まず、継承性から検討してゆこう。

現在、コミュニティセンターの運営を担っている層は、おもに六〇代から七〇代である。逆算すると、この世代は二〇代から三〇代の時期に多摩ニュータウンの開設を迎えている。言い換えると、若年期に農業などの共同作業を経験してきた人なのである。加えて、青年団・消防団などの年齢階梯集団のつながりも比較的強かった。

しかしながら、次の世代になるとサラリーマン家庭が増えてゆき、共同作業の体験は大幅に削減される。次の世代に移り変わったときの事業の継続性は、農村的な共同性を核とした事業における重要課題である。「サラリーマンがやるには大変。教える人がいないとできない。農業、造園の人が多かったからできている。どんど焼きの（縄の）結び方もわからない。（これからの）定年退職の人は難しい。やりたいという人はいるけどひよっこ扱いになっている。」という言葉にはスタッフの不安が透けて見える。

次に、新住民の参入である。聞き取り調査や参与観察で見た限りは、旧来からいる人びと中心とはいえ、組織は決して閉鎖的であろうとしていない。世代間交流を事業の中心に据えているところにも、その姿勢が現れている。しかしながら、新住民の参加の試みは、なかなかうまくいかないようだ。地域外に住居を構える福祉職員の「一緒にやろうっていう意識はあるんですけど、新しい人が入れません。（昔の人も）歓迎しているんです。」という言葉は、センターの現状を的確に捉えている。

新住民の参加の少なさは、スタッフからも少なからず意識されている。聞き取り調査では「新しく入った層は自治会も入らないし、ふれあい館にもこないね。」「（開館から）二五年経っても外来者のような感じ。入りにくいし、自治会の声かけも少ない。」といったいくぶん醒めた言葉も聞かれた。

そこに、施設運営を円滑にする「なんとはなしの空気感」のマイナス面が顕在化する。「なんとはなしの空気感」は、当事者が長年かけて培ってきた言葉で説明しがたい「空気感」であるゆえに、新住民が一朝一夕に取り込めるわけではない。結果として、新住民は「二五年経っても外来者のような感じ」にとどまってしまう。

混在地区であるとはいえ、今や域内の住民の八割は、高度経済成長以降に移り住んだ新住民である。結果して、T3では、活動に熱心で結束の強い旧住民層と地区に無関心の新住民層に分断されている。鳥瞰的に地区内の地域参加の度合いを見ると、T3住民の参加意欲は低い[11]。したがって、混在地区では、施設運営を円滑に行う「なんとはなしの空気感」を大事にしつつも、新住民を取り込む工夫が求められている。

(4) 小括

まちの中心地から比較的離れた場所にあったT3は、その利便性の悪さゆえに一九七〇年近くまで農村の風景を残していた。農村共同体の残滓は、T3に他よりも強いヨコのつながりと、それに基づく事業運営の円滑さという財産を残した。皮肉なことに、戦後知識層の多くが「前近代的」と批判していた村落的要素が残っていたゆえに、T3コミュニティセンターでは和気藹々とした事業活動が継続されている。

しかしながら、T3の「温かなつながり」は、旧住民を越えて伝播されない。スタッフの言葉にもあるように、新住民は呼びかけに反応しないし、量的調査から地区の近所づきあいの平均を出すと、T3は総じて低調である。つまり、T3コミュニティセンターを機能させる「なんとはなしの空気感」の効果は、その空気に取り込まれている一定の層にとどまり、あまり広範には浸透していないのである。

地域包括支援センターの職員もその認識は共有しており、「T3の人たちはイベントとかは大歓迎と仰るんですけど、オートロックの人なんかは入らない。あまりに結束強すぎちゃってとかあるのかもしれません。」と述べている。

多摩市のように、戦後の高度経済成長以降、大量の住民を受け入れた地域では、旧住民の住む地区といえども、数の上では新住民のほうが圧倒的に多い。しかし、新住民の大半は地域にかかわる術を知らず、都心の勤め先と郊外の自宅を往復する流動層である。こうした人びとをどのように取り込んでいくかが、混在地区であるT3の課題である。

5 つながる地域を実現するために

本章では、政府、自治体の標榜するコミュニティ概念や施策をもとに、住民がどのような地域社会を築いてきたのか、コミュニティセンターを事例に検討した。その結果浮かび上がったのは、地域のつながりを意図的につくり出すことの難しさである。

高階層の人が集住するT1では、自立する資源を有し、民主的合意を目指すゆえのつながりの薄さがあった。一方、低階層の人が集住するT2では、地域に目を向けるゆとりが失われていた。新旧住民が混在するT3では、少数の熱心層と多数の冷却層を架橋する仕組みが見出せなかった。

資本主義的生活様式の染みわたった都市では、地域に根付く感覚を涵養する材料は少ない。高橋勇悦（1984）は都市にありがちな生活様式を「人間関係の省略」と述べていた。農家と異なり、土地に縛られない生活様式をもつ給与生活者にとって、地域は根付くものではなく、目的に応じて選ぶものである。私たちは、一生のうちに進学、就職、結婚、転勤、介護とさまざまな局面で居住地を変える。そのさいの居住地および住居選択の基準は、利便性、価格、学習・生活環境などさまざまだが、地域に結びつく期間は着実に目減りする。条件が合わなければ転居することも妥当な選択だ。

短期的スパンでも地域に費やす時間は格段に少なくなっている。大学生にもなれば多くの人は地域ベースから就学地ベースへと生活を転換し、こうした生活は——就業地ベースに変わるだけで——定年退職まで続いてゆく。現在、定年退職の年齢を七〇歳まで引き上げ、かつ女性も労働力化する議論が盛んに行われている。地域づくりにおいて、このことが意味するのは、これまで貴重な地域の戦力であった高齢者と専業主婦ですらも地域から引きはがされるということだ。さらに、情報通信端末の整備により、遠隔地の人びととの接続はいっそう容易になった。

人びとの長期・短期での流動性を高め、地域に対する目線を圧倒的に少なくさせる施策と並行しながら、政府は「コミュニティづくり」の旗を振り続ける。しかし、そのような政策がうまくいかないのは、今回とりあげた各地区の事例を見れば明らかである。

孤立の脅威の拡大にともない、地域のつながりに注目が集まっている。しかしながら、地域に互助的なつながりを戻すのはそう簡単ではない。「選択的関係」が主流化する社会では、地域のつながりは、それを望む人のみが関与する「嗜好品」と化しているのである。

注

(1) たとえば、二〇〇五年に国民生活審議会総合企画部会が出した『コミュニティ再興と市民活動の展開』を参照されたい。
(2) より詳細な研究については、石田 (2015) を参照されたい。
(3) ただし、参与観察のデータは補足的に用いるのみである。
(4) ただし、コミュニティエリアは、その後の財政難により見直され、量的縮小・範域拡大を余儀なくされた。
(5) 役職名はコミュニティセンターにより異なる。
(6) 事務長は週四〇時間勤務となっており、勤務時間は民間企業とあまり変わらない。
(7) 以下の記述は多摩市役所のコミュニティセンター担当部署職員への聞き取り調査による。
(8) 秋そば祭りでは、この地域のかつての名産であるうどんを振る舞う。どんど焼きは一年間の無病息災を祈願する火祭りである。
(9) 二〇一三年には五七名の申し込みがあった。毎年定員を超えるほどの申し込みがあるそうだ。
(10) スタッフ、小学生、保護者以外にも、小学校の教員、メンターとしての中学生、青少年問題協議会の成員、第七消防団の成員が参加する。

（11）たとえば、市議会議員選挙におけるＴ３の投票率は、多摩市内でもかなり低い。また、第五章で用いた「多摩市のまちづくりと福祉にかんする調査」で地区への愛着を調べると、今回調査した三つの地区のなかで、Ｔ３が最も低い。

終　章　孤立不安を越えて

1　これまで見てきたこと

本書は、現代社会における人間関係の特徴を「選択的関係」の主流化と位置づけ、人間関係が選択化してゆくなかで、孤独・孤立にかんしてどのような問題があるのか、量的調査、質的調査の二つの側面から検討してきた。

関係が選択化するなか、私たちのつながりを支える基盤は、社会的な役割から個人的な感情に変わってゆく。感情を仲立ちとした関係は、相手からの承認の獲得という課題を押しつけ、人びとの孤立への不安を拡大する。同時に、「選択的関係」の主流化は、他者から選ばれる人・選ばれない人を明確にし、つながり格差をもたらす。

その一方で、個人の決定をとりわけ重視する社会は、選ばれないことによる孤立も、自らの選択の帰結として処理してゆく。しかし、その背後には、個々人の行動様式（自己への関心）、親の養育方針（面倒の見方）にまで浸透した排除が潜んでいる。

孤立問題を解決する切り札として期待される地域のつながりは、高度経済成長がひと段落した一九七〇年代に、すでに動揺が指摘されていた。私たちは、地域の人たちとつきあわなくても生きていけるように、社会の諸システムを整備してきたのである。こうしたなかで、地域での活動に携わる人びとは、いかにして地域住民の共同性を再編させるか頭を悩ませている。以上が、ここまでのまとめである。

終章では、現代社会において、孤立から脱却する仕組みについて考えてゆきたい。そのさい、孤立した人がその状態から脱却する仕組みと、多くの人びとが孤立に対して不安を抱く社会への対応策について検討する。

具体的には、前者はネットワーク研究でその効果が議論されて久しい、「弱い紐帯」に着目し、育児、介護を事例に、孤立からの脱却の方策を提示する。後者については、現代社会の共同性に焦点をあて、孤立不安社会からの脱却の道を探る。

2 孤立からの脱却——弱い紐帯再訪

2-1 弱い紐帯と強い紐帯

弱い紐帯を有用な概念として世に知らしめたのが、マーク・グラノヴェッター（Granovetter 1973, [1974]1995=1998）の転職研究である。彼は、「行為者と接触頻度の少ない（弱い）関係にある他者（知人）は、行為者と異なった社会圏で生活する可能性が高いゆえ、情報伝達の機能を果たす」という「弱い紐帯の強み」（The strength of weak ties）仮説を立て、転職の事例を用いて実証的に検討した。その結果、転職を行う人びとの大半は、ネットワークを通じて就職情報を得ており、なかでも弱い紐帯が収入や地位の面で、より有用な情報をもたらすことを明らかにした。

人びとが取り結ぶ関係の効果について論じた研究は、これまで、親密で頻繁に会う「強い紐帯」を重要視し、研究対象としてきた。これらの研究と一線を画し、あまり頻繁に会わず、さして親しいわけではない「弱い紐帯」の効果に着目したグラノヴェッターの研究は、着眼点の面白さから多くの人びとの注目を集めた。以降、弱い紐帯、強い紐帯それぞれの機能についての議論がなされている。

それぞれの紐帯の効果については、強い紐帯は相談や気晴らしなどの情緒面から、日常生活におけるちょっとした手伝い、病気の世話など幅広い範囲でのサポート効果をもつ一方で、弱い紐帯の効果は情報など限定的なものにとどまる、というのが一般的な見解である（Lin 2001）。

このような議論を踏まえ、さらに、孤立に排除的側面が強く表れていることを考慮すれば、孤立者に必要なのは、まず、高いサポート力をもつ「強い紐帯」だと考えられる。しかしながら、孤立者の状況を勘案すると、そう簡単にはいかない事情が見えてくる。そこで、次項では、孤立からの脱却にあたり鍵となる人間関係について、仮説的に論じよう。

2－2　強い紐帯のジレンマ、弱い紐帯の問題解消効果

(1)　孤立に陥る原因

困ったときに頼るべき相手がいない人を孤立者と捉えるならば、彼ら・彼女らが人に頼ることのできない背景を理解する必要がある。そうすると、強い紐帯を活用することの難しさが見えてくる。当たり前のことではあるが、孤立者も孤立する前は、関係に取り込まれている。つまり、一緒に出かける友人や、つきあいのある親族が一定ていどいるのである。では、なぜ、彼ら・彼女らとの関係に距離が空いてしまうのだろうか。

その理由としてすぐに思い浮かぶのが、相手とのトラブルである。トラブルを原因とした仲違いにより、関係を失うのである。本章では、このような相手とのトラブルを原因とした関係の喪失ではなく、もう一つの原因、すなわち、自身のトラブルとの遭遇、あるいは、環境の変化による関係からの撤退に着目してゆく。その理由は以下の通りである。

「選択的関係」が主流化した社会では、相手のマイナスとならない立ち振る舞いを求められる。そのため、相手に迷惑を及ぼしうる事象との遭遇は、関係からの自主撤退に結びつく。この傾向は、強い紐帯でより強く表れ、それが孤立を誘発する。以下、簡単にまとめよう。

(2) 強い紐帯のジレンマ

「選択的関係」の代表は、感情的親しさを仲立ちとしてつながる友人関係である。このようなつながりは、当然ながら「強い紐帯」と考えられる。しかし、お互いの感情的要請により成り立つ関係は、自身の環境変化――トラブルとの遭遇――により、容易に危機にさらされる。

土井（2004, 2008）も指摘しているように、現代社会の友人関係は、お互いの感覚のみに依拠し、相手を傷つけないよう過剰に配慮する「優しさ」で成り立っている。つまり、人びとは、相手の気分を害さないよう心がけ、楽しい部分、望ましい部分を共有することで関係を成り立たせているのである。このような関係で、自身の悩みや弱みをさらすのは難しい。

しかしながら、人生には環境変化やトラブルがつきものであり、悩みのない人生を送るのは、ほぼ不可能である。諸個人がトラブルや環境変化に遭遇する前に築いてきた強い紐帯は、必ずしも当事者の環境変化について行けるわけではない。その結果、強い紐帯は、強い紐帯であるからこそ、諸個人に関係からの撤退を促す、という矛盾した側面をもつ。この「強い紐帯のジレンマ」について、多くの人が経験する育児や介護を事例に、より詳しく説明してゆこう。

(3) 強い紐帯のジレンマと弱い紐帯の強み

育児や介護は、私たちに身近に起こりうる一方で、非常に大きな環境変化をおよぼす。だからこそ、現代社会は、そうした負担を少しでも減らすよう制度を整えている。とはいえ、制度ですべてを賄えるわけではなく、育児や介護にまつわる孤立問題は、さまざまな場で指摘されている。この原因の一つとして「強い紐帯のジレンマ」があげられる。

育児や介護に限らず、諸個人が経験する環境変化やトラブルは、その前後に明確な断絶をもたらす。妊娠・出産前に育児問題を経験することはできないし、親が健全なうちに介護問題を経験することはできない。行為者と比較的仲のよい強い紐帯は、当然ながら、問題発生前の個人を軸に構成され、構造化してゆく。重要なのは、いったん構造化された強い紐帯は、諸個人の問題にあわせて改編される保障はない、ということだ。

たとえば、一緒に遊ぶ数人の仲間がいたとしよう。彼ら・彼女らは定期的に懇親会を開催し、共通の趣味ももっていた。このうち一人（Aさん）の親が倒れ、介護が始まったとする。Aさんには介護の負担、不安がのしかかるものの、なかなか仲間には言い出せない。というのも、不安の吐露はこれまでのAさんの〝キャラ〟には合わないものであり、また、介護の悩みを共有できる仲間はいないからだ。Aさんの仲間は仲間で、Aさんの変化には気づかない。結果として、Aさんは孤立感を深め、関係から離脱してしまう。

こういった現象は育児や介護では頻繁に見られる。この他にも、両親が子どものことを「しっかりしている」と思っているがゆえに、いじめなどの悩みを打ち明けられない子ども、子どもが不登校に陥ったゆえに、「ママ友」関係から切り離されてゆく母親、など、事例は多数ある。

強い紐帯は、仲が深いからこそ、つながっている相手のイメージを問題発生前のもので固定し、問題当事者による援助要請を封殺してしまう。まさに「強い紐帯のジレンマ」である。このような状況で強い紐帯に打開策を求めるのは難しい。

一方、弱い紐帯は、問題当事者との距離が遠いため、彼・彼女を固定したイメージで捉えない。それゆえ、問題当事者は、自らを取り巻くイメージを意識する必要がなく、弱さ、問題などを表出しやすい。そのため、弱い紐帯は、問題を抱えているにもかかわらず、頼るべき人がいない行為者の、孤立脱却の糸口として、機能する可能性がある。これを弱い紐帯の問題解消効果としておこう。

弱い紐帯は、情報伝達のみでなく、強い紐帯が一見有効であると思える孤立からの脱却においても、重要な役割を果たしうる。そこで、次節以降では、育児、介護を事例として、弱い紐帯の問題解消効果を検討してゆこう。

2-3 育児[1]孤立からの脱却——弱い紐帯の強み1

(1) 事例紹介

既婚女性のSさんは、情報通信機器の商社で営業事務に携わっている。年齢は三〇代後半で、一歳七ヶ月を迎える子どもを抱えている。二〇一八年一二月まで、育休をとれるものの、併行して、保育園を探している。彼女の事例から、強い紐帯の難しさ、および、弱い紐帯の強みをさぐってゆきたい。

(2) 育児による孤立

前節でも述べたように、育児や介護は、日常的に発生する可能性があるにもかかわらず、そこに関連する人びとの〝ふつうの生活〟を一変させる。この変化は、既存の関係を無力化させると同時に、人びとを孤立に陥れるリスクをもつ。Sさんも同様の経験をしている。以下、事例を見てみよう。

Sさんは、出産を経てから退院後、実家には戻らず、子育てをしていた。父親(夫)はいるものの「朝から晩まで仕事」のため、育児支援には手が回っていない。また、Sさんの母親は、夕方にはSさんの家に訪問していたものの、「日中は一人」でいることが多かった。そんななか、Sさんは、強い孤独感を経験する。以下の語りにはSさんの苦悩が表れている。

主人はいるんですけど、朝から晩まで仕事なので、しゃべる大人は母だけとか。とくに子どもが新生児のときには、外に出てはいけないという感じがあるので、ここで誰も来なかったら、私食べ物がなくなって死ぬんだ、みたいな。きっとそういう考えになっちゃうのが産後クライシスで。ほんとに一人なんだなという感じですかね。

そのころは何をしても泣けるという感じでした。母にやさしくしてもらっても、主人が気が利かなくても泣ける。

何でもかんでも泣けるみたいな。生まれてからの状況は病気と思ってもらったほうがわかりやすい。今までと違う人と思ってほしい。

このSさんの苦悩に対して、出産前に築いてきた強い紐帯は、あまり機能しない。産前産後の人間関係の変化について尋ねると、「変わりましたね。頼るのはなかなか難しいですね。ママ友ができるまでは、相談の当てが少なかった。」と応えている。その理由として、産前に構造化された強い紐帯の弱みがあげられる。

Sさんに、これまでの「友だち」とつきあわない理由を尋ねると、「やっぱり、子どもがいない友だちには悪いかなってなって。なんかつき合わせているかな、みたいな感じがするので。向こうも「大丈夫?」みたいになってしまって。」という応えが返ってきた。結局のところ、出産前に構造化された強い紐帯は、Sさんの目の前におきた「育児」という問題には対応しきれないのである。その結果、Sさんは、「何をしても泣ける」ような孤独感に襲われていた。

(3) 関係の再編へ

孤独感を覚えたSさんではあるが、関係再編に向けての努力を続けてゆく。Sさんは、住まいのそばの「子育て広場」に顔を出し、孤独感の解消を試みる。しかしながら、関係の再編はそう簡単ではなかった。「結構、半年先生まれの子たちが占拠しているっていうか、もう友だち関係が出来上がっていたので、入り込みづらかったです。」とのことだ。

そんなSさんに転機が訪れたのが、民生委員の主催した子どもへのクラフトづくりのイベントである。このイベントは、クラフトを製作しているあいだ、民生委員が子どもを見てくれるため、机は母親たちだけになるそうだ。そこでたまたま話した相手と意気投合し、それ以降は、「何をするにもその子たちと一緒に」行動するようになり、孤立状況を脱した。

ここで注目したいのが、Sさんが関係を再編する契機である。Sさんの強い紐帯は、妊娠・出産を経て解体し、その後、子ども向けのイベントを経て再編された。このイベントの情報は、「子育て広場」でたまたま居合わせた弱い紐帯によりもたらされたものだ。弱い紐帯の情報伝達機能が発揮された結果、次の行動が促され、強い紐帯への包摂につながっていったのである。

しかしながら、すべての人がSさんのように、積極的に行動できるわけではない。むしろ、問題化しやすいのが、援助を求める声を発しない人である。弱い紐帯は、そのようなケースに対しても有効な機能を発揮する。そこで、次に、介護の事例から弱い紐帯の強みをさらに追究してゆこう。

2-4 介護孤立からの脱却——弱い紐帯の強み2

(1) 事例紹介(2)

Mさんは、映像関係の仕事に携わる男性である。年齢は五〇代前半で、結婚はしていない。Mさんはもともと人づきあいが盛んで、出かけることも多かった。豊富な強い紐帯に囲まれていたのである。この生活が暗転したのが母親の介護である。この事例をもとに、助けを求められない人の孤立からの離脱のヒントを探ってみよう。

(2) 介護による孤立

Mさんは、母親の介護で大阪と東京の往復を三年以上続けていた。その苦労で心身ともに、強い疲労を覚えていたものの、その苦労を強い紐帯である「友だち」に打ち明けることはなかった。その理由をSさんは以下のように語る。

「大変じゃないです。大丈夫です。僕は。」ってずっと言ってたから。だから、外出ると、まったく別人なんですよね。だから、外に出て普通に仕事をして、たとえば、友だちに誘われて飲み会に行く僕は、元気な僕。だから、そんなものはみじんも感じさせない。見栄っ張りな自分がいて、本音を出すことが恥ずかしいと思っていたというか。

この言葉は、強い紐帯がもつ難しさを象徴的に示している。「元気な僕」を中心に構造化された強い紐帯は、親の介護により疲弊した「僕」の問題には対応しない。「本音を出すことが恥ずかしい」思いを抱きつつ、Sさんは孤立してゆく。その結果、Sさんの家は、「自分のベッドにたどり着くのに山を二つ三つこえないといけない」「ゴミの山」と化す。

構造化された強い紐帯は、そこに内包される個人を固定したイメージで捉えてしまうので、そのイメージから外れた自己の表出を難しくさせる。それゆえ、行為者に問題が生じた際に、十分な機能を発揮できず、行為者を孤立に陥れてゆく。まさに、強い紐帯のジレンマである。この状況からの離脱には、やはり、弱い紐帯のもつ外からの刺激が有効である。

しかしながら、Mさんは、前述のSさんと異なり、関係再編の努力を積極的に行ったわけではない。それゆえ、Mさんの孤立からの脱却は、Sさんよりも難しい。では、Mさんは、どのように孤立から脱却したのだろうか。引き続き事例を見てゆこう。

(3) 孤立からの脱却

Mさんは、母親が亡くなったあと、「自暴自棄」に陥り、さらに孤立感を深めてゆく。転機になったのは、偶然訪れた清掃業者との対話だった。

五〇歳を迎えたMさんは、気力を絞って家の掃除を試みる。しかしながら、「ゴミの山」と化したMさんの家の掃除は容易ではない。そこで清掃業者に依頼し、偶然、Mさんの家を訪問した業者との対話が、Mさんの孤立からの脱却のきっかけとなる。

ごみを捨てていくなかで、自分が携わっていた映像関係の仕事の話になって、で、そのときに看護と仕事の両立をしようとして、ストレスとか、孤独感とか感じていたものが、たぶんそのなかでいろいろ話していくなかで、「すごいですね」って言われた時に、ああ、すごいことをしてきたのかなと。じゃ、なにか行動を起こしてみようかなと。たぶん、話したかったんですよね。僕が。

このMさんの語りを見ればわかるように、Mさんは、これまで、友人には話せなかった仕事と介護の悩みを、たまたま訪問した清掃業者に打ち明けている。このMさんの告白は、弱い紐帯だからこそなし得たと言えよう。

孤立にいたる過程で見てきたように、強い紐帯であるMさんの友人は、Mさんを「元気」という固定的なイメージで捉える。そのため、Mさんは自身に生じた問題をなかなか表出し得ない。一方、弱い紐帯は、その〝弱さ〟ゆえ、Mさんに特定のイメージをもっておらず、Mさんも問題を表出しやすい。

これをきっかけとして、Mさんは、友人の家の近くに引っ越し、友人がいつ来てもいいように毎日掃除をするようになる。強い紐帯に再度、取り込まれたのである。もう、「二度とそんなことはしたくない」というMさんの語りには、強い決意がにじみ出ている。

（4）関係への包摂

この事例が示しているのは、強い紐帯に再度包摂されるにあたり、弱い紐帯が重要な役割をもつことと、生活のなかに、弱い紐帯に触れられる仕組みをつくることの重要性の二つである。

Sさんの事例と同様に、Mさんにも孤立からの脱却のきっかけとして、弱い紐帯の働きかけがあった。弱い紐帯は、強い紐帯ほど行為者のことを知らないからこそ、ふだんあまり見られたくない面を見せることができる。「相談」というと、一見すると、強い紐帯が重要な役割をもつように感じられるが、強い紐帯であるがゆえに、相談できないケースも少なくはないのである。

人間関係が選択化してゆくなか、私たちは関係を選ぶ自由と引き換えに、選ばれる責任を負うようになった。選ばれることを意識する私たちは、〝自らを選んでもらいたい〟強い紐帯に対してほど、見栄を張り、本音を出せなくなる可能性がある。弱い紐帯の問題解消効果は、今後、さらに大きな力を発揮しうると考えられる。

しかしながら、弱い紐帯といえども、そう簡単に出会えるとは限らない。Sさんのように積極的に出かけていける人ならまだしも、孤立する人の行動力は総じて弱い。行動力が弱っているからこそ、孤立しているとも言えよう。

こういった人びとに対しては、日常生活のなかで、弱い紐帯に触れられる仕組みをつくることが求められる。Mさんの孤立からの脱却のきっかけは、偶然来た清掃業者との対話にあった。重要なのは、このような出来事をたんなる偶然に終わらせるのではなく、あるていどシステム化することである。具体的にいうと、多くの人が日常訪れるであろう場所に、出会いの仕組みをつくっておくことである。

育児による孤立からの脱却を支援しているNPO法人の代表は、外に出てこない孤立者の支援策について以下のように語っている(3)。

外に出てこない人は本当に難しいですね。そういう人の支援に力を発揮するのがショッピングモールへの出店です。孤立している人でも、買い物には出かけるので、そこで、ふと目にして支援に入れることもあります。

孤立者のなかには、自ら支援を求めない人も多い。このようなケースでは、たまたま行く場所に支援があることが重要なのである。その偶然の確率を高めるためにも、日常生活の動線への支援の場の設置が求められる。弱い紐帯を介した支援との接近が、包摂の第一歩となるのである。

2-5 社会的包摂にむけて

一般的に、強いサポート効果を有すると考えられている強い紐帯には、その強さゆえに援助を求める声を封殺してしまう「ジレンマ」が存在する。孤立問題では、強い紐帯が逆機能的にはたらくこともあるのである。

その一方で、弱い紐帯は孤立脱却の糸口となりうる。弱い紐帯は、その弱さゆえに、気遣いの必要性が少なく、悩みや不安などを告白しやすい。本節では、育児、介護を事例に弱い紐帯の問題解消効果を検討した。

「選択的関係」が主流化する社会において、友人を中心とした強い紐帯は、本音を語り合える間柄とは限らない。むしろ、土井（2009）が指摘するように、現代の人びとは、「キャラ」を演じ分けることに力を注いでいる。こうしたなか、弱い紐帯の問題解消効果は、ますます重要になるであろう。孤立脱却の糸口として、日常生活の動線に支援の場を設置することが求められるのである。

3　孤立不安社会からの脱却

前節では、孤立した人が、その状態から脱却する仕組みについて検討してきた。本書の最後では、多くの人びとが孤立に対して不安を抱く社会への対応策について検討してゆきたい。

3-1　難しい個人対応

本書で再三指摘してきたように、私たちの人間関係は、選択的なものに変容しつつある。社会的に拘束された「つきあわねばならない」関係は縮小し、つながりに対する自由度は増した。しかし、その過程で、人びとに孤立への不安が蔓延していった。その仕組みは以下の通りである。

資本主義的な生活様式の浸透と社会保障の整備は、つながりの維持と生活の必要性との関連を弱めた。人びとは理不尽なしがらみから解放される一方で、自らの好みに合ったつながりを獲得・維持する義務を背負わされた。しかしながら、自らの好みに合ったつながりを獲得・維持できる保障はなく、人びとはつながりができないかもしれない不安に襲われてゆく。孤立不安社会の到来である。

この現象に対して個人で対応してゆくことは難しい。ベックは、個人化が進む社会において、人びとはそれぞれに自らの人生の「設計事務所」たれ、と述べ、個人での積極的な人生構築を推奨している（Beck 1986=1998）。このような「強い個人」に期待する考え方は、第四章で紹介した「孤立推奨言説」に近似している。

社会が孤立に対する不安をあおり立てる仕組みを内包している以上、個人ができることは、それに対応することとくらいである。「孤立推奨言説」で提唱されたように、孤立を楽しみ、自己を確立してゆける人も、一定数はいるだろう。しかしながら、「強い個人」に期待する言説は次の二つの点で問題がある。

第一は、つながり格差への目配りのうすさである。本書のこれまでの分析で明らかなように、孤立のリスクは経済力や学力などに恵まれない人が明らかに高い。この点への配慮がなければ、「強い個人」に期待する言説は、「強者の理論」として受け入れられないだろう。

もう一点は、社会構造に対する目配りのうすさである。「つきあわねばならない」関係が縮小し、つながり格差が拡大する社会で、人びとは孤立への不安におびえている。もはや、つながりを煩わしいと感じていた時代ではないのである。

多くの人がつながりに囲まれ、そのつながりを煩わしいと感じていた時代ならば、「孤独を目指せ」という言説も人の心を打つかもしれない。しかし、多くの人がつながらない不安を感じている時代に、「孤独はよい」「孤独を目指せ」といっても、それは、心に病を抱えた人に「元気を出せ」というようなものだ。

多くの人が巨大なシステムに絡め取られているからこそ、個人単位の生活を基調とした個人化社会が実現するように、多くの人が孤独をたのしむ社会には、不安を回収する共同性が求められるのである。逆説的ではあるが、推奨言説で提示される「孤独」に踏み出すためには、踏み出す基盤となる共同性を再編しなければならない。そこで、最後に、社会として共同性をどのように再編してゆくか検討しよう。

3-2　共同性の再編

(1) 共同性へのスタンス

共同体の再編については、パットナム (Putnam 2000=2006) やエツィオーニ (Etzioni 2001=2004) などの共同体論者により、提唱されているものの、あまり目立った策は見当たらない。行政が頼りにしているローカルな共同体も、第五章、第六章で振り返ったように、活発とは言いがたい。個人化概念を世に広めたベックは、「不安による連帯」に期待をはせていたが (Beck 1986=1998)、現在のところ、不安解消の矛先は、携帯電話やスマートフォンなどの情報通信端末に向けられており、不安解消の材料にはなっていないようだ(4)。

頑健性のなくなった現代社会の特徴を、「液状化」と述べたバウマンの見方は、もっと悲観的である（Bauman 2000=2001）。バウマンは液状化した近代にできる共同体を、「爆発的共同体」とよんでいる。この共同体の「力の源泉は永続性にあるのではなく、不安定さ、未来の不透明さ、そして、一時的であるがゆえに必要とされる、警戒心と感情移入の強さにある」（Bauman 2000=2001：257）。しかしながら、この共同体は、人びとに安心を与えることはなく、「空しく救いをもとめる人間の孤独を永久化する」（Bauman 2000=2001：260）。

このようにバウマンは、現代社会における人間関係をかなり悲観的に捉えている。私の考えもどちらかといえば、バウマンに近い。

（2）これからの社会の共同性

日本に限らず、多くの社会において、現在、ＩＣＴ（Information and Communication Technology）を軸とした開発が進められている。情報通信技術の進歩によるデータの集積と人工知能の解析能力の拡大は、私たちの生活を一変させるといわれている。[5] その過程で、私たちの共同の必要性はますます縮減し、選択化は進んでゆく。

これまで人間関係に蓄積されてきた集合知は、ビッグデータの解析により得られる「模範解答」に取って代わられる。ＩＣＴによってもたらされる、さまざまな面での自動化は、人を介して行う作業を縮減させる。その結果、私たちは、人とつきあう必要性をますます失ってゆき、共同性は趣味・嗜好の領域へとますます追いやられてゆく。システムによる管理の行き届いた社会では、人を介した管理は必要とされない。

私たちは、共同の意義を、関係を構成するメンバーのなかで頻繁に再構成し、当該関係を維持してゆく。そこから、安定感や安心を得ることは難しく、私たちの多くは孤独感を覚える。私たちの社会は「つきあわねばならない」関係を、しがらみとして否定的に捉え、それを縮減させる形で「自由」の領域を拡大してきたのである。

かつてのイエや一九八〇年代くらいまでの夫婦家族のように、多くの人を取り込むつながりは存在しない。また、そうした関係の復活は、息苦しさ、あるいは、差別的な関係の再生として相当の批判をともなうだろう。では、新たな連帯の萌芽は見られないのだろうか。

これについては、日本社会でも新たな連帯の萌芽を指摘した書籍が、いくつか存在する。そこで最後に、これらの論考についてまとめ、今後の課題を検討してみよう。

3-3　新たなつながりをめぐって

(1)　第三のつながりの可能性

伝統的な血縁・地縁などの第一のつながり、経済活動を目的とした第二のつながりの互助機能が薄れるなか、人びとをとりまとめ、新たなつながりを生み出す契機として期待されているのが、第三のつながり、すなわち、新たな互助関係としてのボランティア、目的集団としての趣味縁、必要性に根ざしたシェアのつながり、である。以下では、それぞれについて見てゆこう。

・ボランティア

互助活動への自発的参加をとおして、人びとをつながりに結びつけるボランティアは、連帯の一つの形として注目を集めている。日本では、一九九五年の阪神淡路大震災をきっかけとして、ボランティアの気運が盛り上がり、その年は「ボランティア元年」と呼ばれている。

その後、ボランティアは、一九九八年に施行された特定非営利活動促進法（NPO法）により、制度的保障を獲得し、日本社会に広がっていった。制度発足時の一九九八年度に、わずか二三件だった認証法人数は、その後、右肩上がりに増え続け、二〇一七年度には、五万一八七〇件に達している。

しかしながら、序章、第五章の図表で確認したように、これらのサポート源としての機能は、家族・親族、友人に遠く及ばない。『社会生活基本調査』から、ボランティア活動を行った人の推移を見てみると、一九八六年から二〇一六年まで、二五％ていどとあまり変わらない。つまり、多くの人がボランティアに携わり、ボランティアを利用しているわけではないのである。ボランティアやNPOが日本社会に定着し、人びとの支えとして機能するまでには、もうしばらくの時間を要するだろう。

・**趣味縁**

趣味縁は趣味という共通関心を軸に成り立つゆえ、選択化した関係に適合した結びつきといいうる(6)。しかしながら、多くの若者が「個性」のあり方に頭を悩ませる現状に鑑みると（土井 2004）、個性の表出の一形態とも受け取れる趣味の前景化は、「それがない人」を関係から疎外する可能性がある。くわえて、趣味の多くは、経済的資源を必要とするため、格差を誘発しやすい。

・**シェア**

その一方で、格差問題となじみやすいのが、シェアを通じたつながりである。三浦（2011）が述べるように、不況、格差により、一定層に生活苦が広がる状況では、所有よりもシェアが合理的選択となる。

ＩＣＴを通じた情報環境の整備により、利用者と提供者、または、利用者どうしの接続は、以前より容易になっている。三浦が「共異体」と述べたつながりのあり方が、孤独感の解消にどこまで寄与しうるかは定かでない。しかしながら、今後、注目すべき事例である。

（2）伝統と革新の可能性

・**伝統の可能性**

伝統的な連帯の基礎である宗教を見直す動きもある。現代社会でも、ヨーロッパやアメリカにおけるキリスト教、中東諸国におけるイスラム教などは、人びとの連帯の中心軸と見なされている。日本社会でも、宗教的な利他性の有効性が唱えられている。(7)

しかしその一方で、日本の宗教がおおきな役割を担ってきた葬送においても、「宗教離れ」が進んできたといわれている（森謙二 2010；鵜飼 2016）。そのうえ、日本社会では、とくに新興的な宗教に否定的イメージが抱かれがちである。そのように考えると、現代の日本社会に突如として宗教的利他心が浸透するとは考えづらい。それならば、家族を維持・再生する方法を考えたほうが早いだろう。

・革新的技術の可能性

伝統とは反対に、革新的技術に期待する声もある。先にあげた人工知能が、人と同じくらいの対話能力を獲得し、人工知能との対話に、人が違和感や負い目を感じなければ、孤立不安問題は技術的に解消される可能性もある。

しかし、このような技術がそもそも生まれるのか、生まれたとして人が抵抗感なく受け入れてゆくのかは、定かではない。むしろ、生身の人間と対話できる人、機械としか対話できない人を分け、後者に差別的目線を注ぐ可能性もある。

3―4　新たなつながりにむけて

ここまで見てきたように、代替となる連帯には、それぞれ長所と短所がある。現代社会の孤立への不安を解消する鍵は、選択化し、自由化した関係に、どのように安定性を入れてゆくかにある。安定性が、個人の感情ではなく、「つきあわねばならない」必要性にしか担保されないのであれば、物的要請を仲立ちとしたシェアは有効だろう。

しかし、シェアは三浦（2011）じしんが「共異体」と称したように、生活を細切れにし、それぞれを異なった他者と共有する行為である。しかも、共有の調整は、合理的な情報システムに委ねることも多い。したがって、それが人びとの精神の安定に結びつくかは、定かではない。

ルームシェアのように共有部分を拡大してゆけば、安定性は増すのかもしれない。しかし、個人化がここまで進んだ現代社会において、他者との同居を望む人はそれほどいないだろう。日本の単身世帯数は、戦後増加の一途を辿り、この傾向は今後も変わらないと見られている。

私たちが、かりに、一九八〇年代までの家族のようなつながりを望むのであれば、私たちの関係に、「つきあわねばならない」つながりをどのような形で、どのくらい取り込んでゆくか、今一度、検討し直さなければならない。孤立不安社会としがらみ不満社会を超克しうる「第三の道」へは、そう簡単には到達し得ない。

注

（1）この事例にかんする聞き取り調査は、二〇一八年七月二四日に約一時間行った。

（2）この事例は、二〇一八年五月一六日に放映されたNHK『クローズアップ現代＋』の「あなたの隣もごみマンション⁉　現役世代に広がる〝孤立〟」に出演した人の語りをもとに再構成した。

（3）二〇一八年五月七日の聞き取り調査による。

（4）情報通信端末と人間関係については補論を参照されたい。

（5）詳細は、カーツワイル（Kurzweil 2005=2016）、マルコフ（Markoff 2015=2016）、児玉（2016）などを参照されたい。

（6）趣味縁の詳細は、浅野（2011）を参照されたい。

（7）たとえば、稲葉圭信（2011）、北川順也（2011）を参照されたい。

補論　SNSとつながり
――ケータイ、スマホによる「自由からの逃走」

1　情報通信機器と人間関係

本書は、本編に情報通信機器の話を入れなかった。孤立にまつわる一連の問題を検討する本書の趣旨に鑑みると、その点を意外に思う読者もいるかもしれない。これについての筆者の考えを簡単に述べたうえで、情報通信機器および情報通信機器を介したコミュニケーションと人間関係について簡単にまとめよう。

情報通信機器と人間関係についての議論でしばしば語られるのが、関係希薄化論とのかかわりである。すなわち、情報通信機器を介したコミュニケーションの浸透により、対面的接触が減り、人間関係が希薄化するという議論へのかかわり方である。これまでの研究では、携帯電話（ケータイ）やスマートフォン（スマホ）などの情報通信端末やメール、ソーシャル・ネットワーキング・サービス（SNS）などのコミュニケーション・コンテンツが人間関係を損なうわけではない、として単純な技術決定論的視座は退けられがちである[(1)]。

本論考も同一の視座にたつ。すなわち、情報通信機器および情報通信機器を介したコミュニケーションが人間関係を根底的に変えるのではなく、現代社会の人間関係の特性に、情報通信機器および情報通信機器を介したコミュニケーションが作用し、いくつかの特徴的な現象が生まれる、という視座にたつ。以下では、これまで本書がたびたび議論の軸としてきた「選択的関係」が主流化する社会のなかで、情報通信機器および情報通信機器を介したコミュニケーションがどのような影響をもたらすのか、論じてゆこう。

2 「選択的関係」の主流化

私たちの社会は、人間関係に課される役割を切り下げる方向で諸システムを整備してきた。人びとが共同で処理してきた問題は、消費または社会保障などのシステムにより解消されるようになり、つながりにまつわる自由度は拡大した。一定の制約はあるものの、人びとは関係を結ぶ相手を、あるていど自由に選べるようになった。

つながりにまつわる自由が増えることで、人びとは、拘束的なしがらみから解放され、個々人の要求に適合したつながりを探索・獲得できるようになった。しかしその一方で、人びとは、他者から選んでもらうための努力を求められるようになった。相手の欲求を満たす資源の喪失は、つながりの喪失と容易に結びつく。

こうしたなか、人びとは相手から選んでもらえない恐怖におびえ、孤立不安・承認不安に陥ってゆく。相手の欲求を満たす資源をもたない人びとは、関係からの撤退を余儀なくされる。

このような特性をもつ社会において、情報通信機器および情報通信機器を介したコミュニケーションはどういった影響をおよぼすのだろうか。次節以降では、常時接続、グレーゾーンの撤廃の二つの視点から論じてゆく。(2)

3 常時接続の時代

一九九〇年代以降の情報通信機器の進歩によってもたらされた最大の変化が、移動体通信の進歩、および、普及・浸透による常時接続社会の到来である。諸個人が、文字通り「携帯」できるほどの端末を所持することにより、コミュニケーションを阻む空間の壁は克服された。構成する人びとの大半がケータイやスマホなどの端末を所持し、かつ、活動領域のほぼすべてに電波が到達する社会では、個人を識別する番号やIDさえ知っていれば、どのような人と、どこにいても連絡を取ることができる。かくして、場所を必要としない電波上のコミュニティが出現する。

私たちは、「選択的関係」の主流化により、人間関係においても選択の自由を手に入れた。しかしながら、その自由は、つなぎ止められない不安も内包している。この不安の隙間を埋めるように、ケータイ、スマホは常時接続のつながりの場を提供してくれた。つながりの不在を恐れる人びとは、ケータイ、スマホの電池残量を気にしつつ、肌身離さずケータイ、スマホをもつよう心がける。「選択的関係」の主流化により、人間関係において選択の自由を手に入れたからこそ、私たちは逆説的に、「どこにいてもつながりに捕捉される社会」に身を投じるようになる。まさに、「自由からの逃走」(Fromm 1941=1951)である。情報通信端末やメール、SNSなどのコミュニケーション・コンテンツは、「選択的関係」が主流化するなかでの格好の逃走の場なのである。

4 グレーゾーンの撤廃

人間関係における「自由からの逃走」の場として機能しているコミュニケーション・コンテンツは、逃走の手段を充実させることで発展してきた。すなわち、関係にまつわる人びとの欲求をかなえる形で発展してきた。その過程で、人間関係にかんするグレーゾーンは撤廃されてゆく。以下、順を追って説明しよう。

「選択的関係」が主流化する社会において、人間関係は曖昧さを増してゆく。夫婦、同じ集落、同じ部署といった役割に規定される関係に比べ、個々人の「気持ち」に委ねられた関係は、目に見えないものに存立基盤を負っている。そのため、関係の存在そのものが曖昧になりやすい。「選択的関係」の中心とされる友人は、その定義が難しいゆえ、ある人とある人が友人であるか見極めるのは難しい。同様に、自らが相手もしくは他者に受け容れられているか判断することも容易ではない。コミュニケーション・コンテンツは、この曖昧さを非常にわかりやすい形で可視化していった。以下では、コミュニケーションの記録、承認、交友範囲の順に見てゆこう。

4-1 コミュニケーションの記録

(1) 履歴の保存と承認不安

前項でも述べたように、コミュニケーション・コンテンツが普及した社会では、人びとはそれぞれに個人を識別する番号やIDを所持している。これにより、私たちは、「意中の人」に直接的に連絡することが可能になった。このような条件の下、かなり早い段階で可視化されたのが、コミュニケーションの記録である。

携帯電話は、普及しだした時期から、発信履歴、着信履歴という形で、私たちがいつ誰にアクセスし、いつ誰からアクセスされたか記録する機能をもっていた。これにより、私たちのコミュニケーションは、円滑さを増した。

その一方で、コミュニケーションの記録は、承認の目安ともなりうる。AさんがBさんに電話し、Bさんが電話に出なかった状況を想定してみよう。携帯電話は、発信した側、着信した側双方に、履歴という形で何月何日の何時に何回電話したかという記録を残す。ここから、Aさんは、Bさんが着信を受けてからどのくらいの時間で返信をしてくるか明確に知ることができる。この時間の長さは、Aさんに承認不安を促す可能性があり、また、Bさんには返信の拘束力をもたらす。

ここでかりに、Bさんが返信をせず、電話に出ることもせず、Aさんが複数回電話をかけたならば、Aさんは、非常に明解な形で、Bさんから拒絶されていることを認識する。このように、コミュニケーションの記録は、私たちが〝友だちと想定している他者〟から連絡を得られたか得られなかったか、明示してしまう。この結果を通じて、二者の間の関係の深度は視覚的に明らかになる。

くわえて、コミュニケーションの記録は、全体としての社会からの受容度の目安にもなる。私たちは、今や、一定の期日の間に、何人の人から何回の連絡があったのか、知ることができる。翻っていえば、どれほど連絡がなかったのかも知ることができるのである。「どこにいてもつながりに捕捉される社会」で捕捉されない状況は、人びとの承認欲求を毀損し、自己肯定感を切り下げてゆく。

（2）記録の徹底した可視化

コミュニケーションの可視化は、コミュケーションアプリ・ＬＩＮＥの普及により、より徹底される。

ＬＩＮＥは、韓国ＮＨＮ株式会社傘下の日本法人、ＮＨＮＪａｐａｎ（現、ＬＩＮＥ株式会社）

が開発したコミュニケーション用のソフトである。日本では二〇一二年頃から利用されだし、二〇一六年には、六七・〇％もの人が利用している（総務省 2017）。なかでも若者の利用率は非常に高く、二〇代九六・三％、三〇代九〇・三％と、ほぼすべての人が利用している（総務省 2017）。

このＬＩＮＥの主要機能がメッセージサービスである。ＬＩＮＥは、二者間あるいは三者以上のグループによるメッセージのやりとりを画面上で一括管理し、いつ、誰がメッセージを発信し、また、メッセージを受信したのか一目でわかるようになっている。つまり、コミュニケーションの履歴を非常にわかりやすい形で提示しているのである。

さらに、ＬＩＮＥには、自らの発したメッセージを、相手が読んだか否か明示する「既読」機能が付加されている。これにより、人びとは、自らが発信したメッセージを相手が読んだのか否か、読んだとすれば、どのくらいのタイミングで返信をくれるのか確認できるようになった。

「既読」機能を通じた、受信相手によるメッセージの閲覧確認は、発信した当事者から、「相手がメッセージを読んでくれたのか」という疑問・不安を取り除くと同時に、別の不安を引きおこす。いわゆる「未読スルー」「既読スルー」問題である。

コミュニケーションアプリを通じてメッセージを送信する人の多くは、相手に読んでもらうことを想定してメッセージを送信する。そうでなければ、メッセージを送る意味がないからだ。ここで「既読」がつかなければ、送信者は不満感、不安感を募らせてゆく。

その一方で、「既読」がついたにもかかわらず、返信がこない場合、送信者は「自らのメッセージが届いたにもかかわらず無視された」と一層の不満感、不安感を募らせる。かくして、メッセージを発信した人は、相手の返信に囚われるようになり、メッセージを受信した人は返信の義務を課される。可視化されたコミュニケーションは、「選択的関係」が主流化し、関係をつなぎ止める要素を見出しがたいなかで、人びとが関係の状況を判断する目安として作用しているのである。かくして、私たちはコミュニケーションアプリに没入してゆく。

(3) 満たされない承認、離れられないSNS

可視化されたコミュニケーションは、常時接続性と相まって、孤独感と密接に関連する。若者研究では、携帯メールを頻繁に利用する人びとは、孤独に対して恐怖を抱き、孤独に耐える力を弱体化させている、といわれている（中村 2003）。ではなぜ、メールやＬＩＮＥなどのコミュニケーション・コンテンツが人びとの孤独への恐怖をあおるのか。以下では、相対的剥奪の概念を用いて検討してみよう。

相対的剥奪とは、人びとの不満は主観的な期待水準と達成水準との格差（剥奪）により相対的に規定されるという考え方である（Merton 1957＝1961）。この概念をもとに、つながりにおける〝常時接続前〟と〝常時接続後〟の時代を考えてみよう。

「選択的関係」が主流化するなか、人びとは他者との関係をつなぎ止める材料に不安を覚えてゆく。このような状況下で登場した常時接続のつながりの場は、「自由からの逃走」の場となるだけでなく、人びとのつながりへの期待を拡大させる。

これまで、コミュニケーションのあいだに立ちはだかっていた空間の壁は、もう存在しない。私たちは、いつでも、どこでも意中の相手とつながる環境を手に入れたのである。しかし、過大な期待は、それが損なわれたときの失望感を増幅させる。言い換えると、「つながらないこと」に対する耐久力を大幅に縮減させる。

たとえば、友人または交際相手とつながっていない状況を想定してみよう。〝常時接続前〟の時代であれば、「つながること」は当たり前の事象ではないので、つながっていない状況に対する不満や不安は生じにくい。交際相手と一日、二日連絡を取らない状況は、そう珍しいことではない。

しかし、〝常時接続後〟は「つながること」が常態となってしまう。そうなると、人びとはつながっていない状況に過剰な不安や不満を覚える。しかも、可視化されたコミュニケーションを通じて、私たちはどのくらいの時間相手とつながっていないのか、相手がメッセージを確認したのか、つねに意識させられる。かくして、人びとはつながらないことへの耐性を失ってゆく。

しかも、「つながっていること」による満足は、そう長くは続かない。「つながること」が常態となる社会では、少しの時間の未接続で不安を感じるようになるため、コミュニケーション・コンテンツから切断された数十分後、数時間後には、不安・不満を感じるようになる。湿らせてもすぐに乾いてしまう砂のように、人びとのつながり欲求は満たされることを知らない。かくして人びとは、ケータイ、スマホに没入することになる。

4-2 可視化される承認

(1) 承認の数値化

第一章で指摘したように、「選択的関係」が主流化する社会では、承認の獲得が重要な問題となる。人びとは、自らの存在を認めてくれる関係を、自己充足的に準備しなければならない。しかしながら、承認はきわめて曖昧な概念であり、客観的に判断するのは難しい。結果して、人びとは言葉を含めたさまざまな態度から、他者からの受容状況を推測することになる。情報通信端末やメール、SNSなどのコミュニケーション・コンテンツは、この状況を打破すべく、複数の機能を通じて、人びとの承認の度合いを可視化していった。

前項でも言及したコミュニケーションの記録は、承認の確認装置としても作用する。他者からのメッセージの受信量、自らの発信したメッセージに対する応答の量および時間は、それだけで、人びとから「受け容れられている」度合いを判断する材料になる。この承認の度合いを非常にわかりやすい形で可視化したのが、多くのSNSソフトに実装された人びとの投稿を評価・拡散する機能である。

ツイッター、フェイスブック、インスタグラムに代表されるSNSソフトは、いずれも、当該ソフトを介してつながりを保っている人たちに、文字、写真、動画を通じて、メッセージを伝達する機能をもつ。メッセージを受信した他者は、当該のメッセージを「よい」と感じれば、ボタン操作を通じてその気持ちを伝える。(3) また、当該のメッセージを、さらに多くの他者と「共有すべきもの」と感じれば、シェア機能を通じてメッセージをさらに拡散させることもできる。メッセージを送信した行為者は、「いいね」を獲得した数やシェアの回数を自らのＳＮＳのページから確認できる。

この「いいね」の獲得数やシェアの回数は、発信者のメッセージに対する受容度を、数値によって明瞭に示した。[(4)] この機能を通じて、人びとは、承認の度合いを確認できるようになったのである。コミュニケーション・コンテンツに実装された承認測定機能は、人びとを当該端末、当該コンテンツにしばりつけ、新たな行為様式を確立してゆく。

（2）持続しない承認とネタ消費の拡大

「選択的関係」の主流化した社会における承認の難しさは、それが実際に確認しがたいことに加え、持続性に欠けるところにあった。〝現在〟受け容れられている人が、〝数日後〟に受け容れられているとは限らない。だからこそ人びとは、コミュニケーションを通じて互いの承認感覚を更新し続けなければならないのである。

ＳＮＳソフトの承認測定機能は、承認における可視化の問題を解消した。しかしその一方で、持続性の問題は解消されなかった。かりに、ある投稿で一万件の「いいね」を獲得したとしても、次の投稿で同じくらいの「いいね」を獲得できる保障はどこにもない。

その結果、ＳＮＳソフトを通じて承認を求める人びとは、ＳＮＳへの投稿を目的として行動をおこすようになる。「インスタ映え」「SNS映え」[5]という言葉にもあるように、いかに多くの「いいね」がもらえるかを意識しながら、ネタ探し的な行動を繰り返してゆく。

しかしながら、投稿用のネタがそう続くわけではない。また、次の投稿が受け容れられるかどうかという心理的緊張は、それだけでストレスとなる。結果して、一部の人びとは、ネタ探しに対する疲労感を訴えるようになる。その一方、ネタの継続を志向して過剰表現に走る人も出てくる。SNSソフトによる承認の可視化は、現代社会における承認の問題を、人びとにより強く意識させる。

4-3 可視化される交友範囲

(1) 登録人数とグループ範囲

最後に、交友範囲の可視化である。「選択的関係」の主流化した社会では、関係を結ぶにあたり、当事者どうしの関係に対するコミットメントが重要になる。そうした関係の典型が友人である。しかしながら、友人と友人ではない人との境界は明確ではない。そのような状況であるため、〝常時接続前〟の時代では、友人とそうではない人の区別は、どことなく曖昧なままにされてきた。

しかしながら、〝常時接続後〟になると、人びとの交際の範囲は明確になってゆく。携帯電話は、私たちが頻繁に通信する人びとを、連絡先という形で登録・保存する。この登録人数は、そのまま、私たちの交友範囲を表すといってもよい。

個人情報保護法の施行以降、友人であっても住所の交換は難しくなっている。また、それぞれが個人のＩＤや番号を所持する常時接続の時代には、世帯単位での情報把握の必要性は減っている。結果して、私たちの知り合いとの接続手段は、情報通信端末やメール、ＳＮＳに紐付けられたＩＤや番号に集約されてゆく。

このような社会では、情報通信端末に登録してある人びとの数や、ＳＮＳソフトを介してつながっている人びとの数が、そのまま行為者の交友範囲を表すようになる。情報通信端末への登録の有無を通じて、私たちは、相手が友人であるか否かといった境界を意識させられる。

交友範囲は、ＬＩＮＥなどのメッセージサービスを通じて、より一層明確になる。ＬＩＮＥは、個々のＩＤによって交友範囲を記録するだけでなく、登録した人びとを詳細にグループ分けする機能をもつ。これにより、仲の良い人、悪い人、特定のグループに入っている人、入っていない人の境界は明確になる。

たとえば、ある高校のクラスを考えてみよう。このクラスには、連絡用としてメンバー全員を登録したＬＩＮＥのグループがある。しかし、グループはそれだけにとどまらず、いくつかの「気の合う」人によるグループが複数存在する。このグループの存在により、人びとは誰が「仲良し」の(6)グループに入っており、誰が除かれているか明確に意識させられる。もっと踏み込んでいえば、ある人がグループから除かれる瞬間を目の当たりにすることもある。

先ほども指摘したように、ＬＩＮＥに代表されるメッセージサービスは、「つながらないこと」に対する耐久力を引き下げ、当該ソフトに人びとを拘束させる。友人とそうではない人を切り分けるグループ機能は、グループへの忠誠心をかき立て、より強い引力をもって人びとを取り込んでゆく。

（2）タイムラインによる閲覧

友人の境界を意識する機会は、SNSソフトの投稿機能によっても、もたらされる。その仕組みは以下の通りである。

SNSソフトは、行為者とつながりのある人びととの投稿を、行為者専用のページに五月雨式に表示する機能をもつ[7]。ここでの投稿は、行為者のグループに対する友情意識や承認感覚を刺激する。たとえば、Aさんが仲良しの友人グループだと認識している三人について考えてみよう。Aさんの専用のページには、三人で遊びに行った写真とコメントが複数並んでいる。ところがある日、BさんとCさんの二人が出かけた写真が投稿されたとする。この投稿をきっかけに、Aさんは三人の友情に疑問をもち始める。

この例にもあるように、行為者の専用ページには、行為者が仲間だと思っていた人たちが、行為者を除いて出かけた写真が投稿されることもある。これらの投稿は行為者の疑念や嫉妬を喚起し、他者との関係にマイナスの影響をおよぼす可能性がある。

「選択的関係」が主流化するなか、私たちのつながりには、感情を仲立ちとした友人が重要な位置を占めるようになった。しかしながら、友人概念そのものは定義しがたく、曖昧である。コミュニケーション・コンテンツは、曖昧であった友人関係にわかりやすい境界線を引き始めた。かくして、私たちはコミュニケーション・コンテンツによって引かれた「友人の線」を意識しながら、行動することになる。

5 これからの関係性

「選択的関係」が主流化した社会では、関係を望む相手から選ばれる必要があるため、承認不安が引き起こされる。コミュニケーション・コンテンツは、「選択的関係」にまつわる曖昧さを撤廃する一方で、不安を解消してくれたわけではなかった。満たされない不安を原動力に、人びとはさらにコミュニケーション・コンテンツに没入してゆく。その動きと共振してコミュニケーション・コンテンツは、情報通信機能を一層充実させる。

ムラ社会の閉鎖的な眼差しから脱し、人間関係における選択性を手に入れた現代人は、その自由から逃走するように、「どこにいてもつながりに捕捉される社会」に身を投じてゆく。知り合いとの接続手段が、情報通信端末やメール、ＳＮＳに紐付けられたＩＤや番号に集約されてゆくなかで、当該機器やツールを使用しない選択をするのは難しい。こうして人びとは、生活の必要性に根ざしていたつきあいから、目に見えない電波を介したつきあいに埋め込まれてゆくのである。

注

（1）たとえば、辻（1999）、松田（2000）、岩田考（2014）などを参照されたい。

（2）情報通信機器を介したコミュニケーションのもう一つの特徴として、高い検索機能があげられる。関係の検索機能の強化は、選択を基軸とする人間関係に少なからぬ影響を与える。この機能と人間関係とのかかわりは、別の機会に論じたい。

（3）いわゆる「いいね」機能といわれている。

（4）ただし、シェアについては、必ずしも好意的になされるわけではない。発信者を批判する意味で、メッセージを拡散する行為も数は少ないが存在する。

（5）「インスタ映え」とは、写真や動画の投稿・共有を目的としたソフト『インスタグラム』で、「いいね」を獲得するために、過剰装飾気味の写真・動画を撮影する行為、あるいは、撮影されたコンテンツを表す。『SNS映え』もほぼ同義である。

（6）実際のところ、気は合っていないが仕方なしにグループに入っている人もいるため、カギ括弧付きで「気の合う」と表現した。

（7）これを一般的には「タイムライン」という。

あとがき

ぼくは本を書き出す時は、だいたいあとがきの内容を決めている。あとがきで好きなことを書くために、本編を頑張って仕上げているところもある。しかし、今回は、そういったものがなく、バタバタと流れに乗るように仕上げてしまった。何かネタはないものか、と考えていたが、そういえば、本年度（二〇一八年度）が終わると、研究を始めて二〇年になる。そんなところから、自らの来し方を振り返り、本書について考えてみたい。

ぼくが修士に入った一九九九年は、「恐怖の大王」が空から降ってくるはずだった。世間的には「大王」は降ってこなかったようだが、当時、立教大学にいたぼくの周辺には舞い降りてきた。そんなわけで、えらく慌ただしく研究生活が始まった。

研究を始めた頃のぼくは、研究そのものを単純に考えていた。自らの専門領域を集中的に研究し、先人の肩に乗っかる形で論文を仕上げれば、それで十分という発想だ。修士二年で学会誌に論文が載り、調子に乗ったのもいけなかった。自分の視野をより狭くしてしまったとおもう。

しかし、社会学の学びは、物理法則のように、単純に先人の肩に乗っかれないことがだんだんとわかってくる。そこからぼくの研究の雲行きも怪しくなってきた。これまで、計量調査でちょこっと変数をいじって掲載された原稿が、審査を通らなくなったのだ。その頃から、社会学という学問は、先人の肩に乗ることも大事だが、そもそも、先人の肩というものが、どういったもので構成されているのか知ることはもっと大事なのではないか、と考えるようになった。博士課程の三年（二〇〇四年）くらいだったとおもう。

この考えとともに研究の方法も徐々に変わってゆく。それまでは、ネットワーク論、パーソナルネットワーク研究ばかりしていたところを、それぞれの論文や研究の社会的な背景を考えるようになった。その過程で、個人化論に行き着き、孤立の研究をするようになった。大妻女子大学に職を得た頃（二〇〇七年）のことである。

おそらく、この転換が、より大きな「社会」という視点から物事を見つめるきっかけとなったのだろう。ぼく自身の研究の射程や研究方法は、一挙に拡がってゆく。前著『つながりづくりの隘路』（勁草書房　二〇一五年）は、その試行錯誤の成果といってよい。

しかしながら、研究生活二〇年で、どうも、射程を拡げ過ぎてしまった気がする。本の読み方も系統だっておらず、ばらついてきたし、執筆した原稿の内容も散漫になってきている。物事の表層をなぞったような研究も多い。

研究生活二〇年。早稲田大学の定年は今のところ七〇歳なので、問題さえ起こさなければ、あと二五年くらいは研究ができる。だいたい残り半分くらいだ。これから定年までどれくらいの本を読めて、どのくらいプロジェクトに参加できるか、というのもなんとなく見えてきた。そろそろ、領域を拡げつつも、収めてゆくことも考えなくてはいけない。

本書は、そんな「収める」試みの一つである。『孤立の社会学』の執筆以降、いくつかの本や雑誌に、孤立や現代社会の人間関係について執筆させていただいた。しかしながら、それぞれの原稿は、書き散らしの状況にあり、放ったままにされていた。その後、あらためて、それぞれの原稿を見てみると、書き散らしのようでいて、そこに通底する問題関心があるのではないかと感じた。自らの研究を収めるよい機会だとおもい、一念発起して本書を執筆した。あまりうまく収められなかったが、読んでくださった方々に何かをお伝えできれば有り難い。

本書の出版にあたっては、『孤立の社会学』と同様に、勁草書房の松野菜穂子さんにお世話になった。思いつきのような企画にご賛同いただき、出版までの労を執っていただいた。心から御礼申し上げたい。ありがとうございました。

本書は、日ごろ、私が接している人たちとの交流を、あらためて振り返ることで執筆できた。二

○年間、私に刺激を与えてくださったすべての方々に御礼申し上げたい。

さて、残り半分の研究生活には、なにが待っているだろうか。もう、「恐怖の大王」は降ってこない、とは言い切れまい。人生はなにが起こるか分からない。そんな困難をしなやかに乗り切りつつ、「収まった」と感じられるような研究生活を送りたい。日ごろお付き合いくださる皆さま、これからお付き合いするかもしれない皆さま、これからも、どうぞよろしくお願い申し上げます。

石田　光規

二〇一八年一〇月

初出一覧

（本書の各章は以下の既発表論文に加筆修正したものを含んでいる）

序　章　書き下ろし.

第一章　石田光規，2013,「婚活の商人と承認との不適切な関係」『現代思想』41(12): 120-130, 青土社.

第二章　石田光規，2018,「ネットワークと階層性」『日本労働研究雑誌』690: 55-63, 労働政策研究・研修機構.

第三章　石田光規，2015,「個人化社会における孤立と孤立死」『個人化するリスクと社会』188-220, 勁草書房.

第四章　書き下ろし.

第五章　石田光規，2018,「地域社会における「濃密な関係」」石田光規編著『郊外社会の分断と再編——つくられたまち・多摩ニュータウンのその後』25-46, 晃洋書房.

第六章　石田光規，2015,『つながりづくりの隘路』勁草書房.

終　章　書き下ろし.

補　論　書き下ろし.

索　引

サ　行

タ　行

ナ　行

ハ　行

マ　行

ヤ　行

ラ　行

ワ　行

文　献

赤枝尚樹, 2015,『現代日本における都市メカニズム――都市の計量社会学』ミネルヴァ書房.

浅野智彦, 2011,『若者の気分　趣味縁からはじまる社会参加』岩波書店.

Bauman, Zygmunt, 2000, *Liquid Modernity*, Cambridge: Polity Press.（=2001, 森田典正訳『リキッド・モダニティ――液状化する社会』大月書店.）

Bauman, Zygmunt, 2001, *Community: Seeking Safety in an Insecure World*, Cambridge: Polity Press.（=2008, 奥井智之訳『コミュニティ――安全と自由の戦場』筑摩書房.）

Bauman, Zygmunt, 2001, *Individualized Society*, Cambridge: Polity Press.（=2008, 澤井敦・菅野博史・鈴木智之訳『個人化社会』青弓社.）

Beck, Ulrich, 1986, *Riskogesellschaft Auf dem Weg in eine andere Moderne*, Frankfurt: Suhrkamp Verlag.（=1998, 東廉・伊藤美登里訳『危険社会――新しい近代への道』法政大学出版局.）

Bourdieu, Pierre, 1979, *La Distinction: Critique Sociale du Jugement*, Paris: Éditions de Minuit.（=1990, 石井洋二郎訳『ディスタンクシオン――社会的判断力批判 1・2』藤原書店.）

Bourdieu, Pierre, 1985, "The Forms of Capital" John G. Richardson eds., *Handbook of Theory and Research for the Sociology of Education*, Westport: Greenwood Press, 241-258.

Cacioppo, John T., and William Patrick, 2008, *Loneliness: Human Nature and the Need for Social Connection*, Massachusetts: The Garamond Agency.（=2010, 柴田裕之訳『孤独の科学――人はなぜ寂しくなるのか』河出書房新社.）

陳立行, 1994,『中国の都市空間と社会的ネットワーク』国際書院.

Christakis, Nicholas A., and James H. Fowler, 2009, *Connected: The Surprising Power of Our Social Networks and How They Shape*

Our Lives.（=2010，鬼澤忍訳『つながり――社会的ネットワークの驚くべき力』講談社.）

Cooley, Charles H., 1909, *Social Organization: a Study of the Larger Mind*, New York: Charles Scribner's. Sons（=1970，大橋幸・菊池美代志訳『社会組織論』青木書店.）

Cornell, Drucilla, 1998, *At the Heart of Freedom*, Princeton: Princeton University Press.（=2001，石岡良治ほか訳『自由のハートで』情況出版.）

土井隆義，2004，『「個性」を煽られる子どもたち――親密圏の変容を考える』岩波ブックレット No. 633.

土井隆義，2008，『友だち地獄――「空気を読む」世代のサバイバル』ちくま新書.

土井隆義，2009，『キャラ化する／される子どもたち――排除型社会における新たな人間像』岩波ブックレット No. 759.

Etzioni, Amitai, 2001, *Next: The Road to the Good Society*, New York: Basic Books.（=2004，小林正弥監訳・公共哲学センター訳『ネクスト――善き社会への道』麗澤大学出版会.）

Fischer, Claude S., 1982, *To Dwell among Friends: Personal Networks in Town and City*, Chicago: The University of Chicago Press.（=2002，松本康・前田尚子訳『友人のあいだで暮らす――北カリフォルニアのパーソナル・ネットワーク』未來社.）

Fraser, Nancy, and Axel Honneth, 2003, *Umverteilung oder Anerkennung?*, Frankfurt: Suhrkamp.（=2012，加藤泰史訳『再配分か承認か？　政治・哲学論争』法政大学出版局.）

Fromm, Erich, 1941, *Escape from Freedom*, New York.（=1951，日高六郎訳『自由からの逃走』現代社会科学叢書.）

藤森克彦，2010，『単身急増社会の衝撃』日本経済新聞出版社.

福武直，1959，『日本村落の社会構造』東京大学出版会.

玄田有史，2013，『孤立無業（SNEP）』日本経済新聞社.

Giddens, Anthony, 1991, *Modernity and Self-Identity: Self and Society in the Modern Age*, Cambridge: Polity Press.（=2005，秋吉美都・安藤太郎・筒井淳也訳『モダニティと自己アイデンティティ――後期近代における自己と社会』ハーベスト社.）

Giddens, Anthony, 1992, *The Transformation of Intimacy: Sexuality, Love and Eroticism*, UK: Polity Press.（＝1995, 松尾精文・松川昭子訳『親密性の変容――近代社会におけるセクシュアリティ、愛情、エロティシズム』而立書房.）
Granovetter, Mark, 1973, "The Strength of Weak Ties" *American Journal of Sociology*, 78 (6): 1360-1380.
Granovetter, Mark, [1974]1995, *Getting a Job: A Study of Contacts and Careers, Second Edition*, Chicago: The University of Chicago Press.（＝1998, 渡辺深訳『転職』ミネルヴァ書房.）
午堂登紀雄, 2017,『人生の「質」を上げる孤独をたのしむ力』日本実業出版社.
Goffman, Erving, 1967, *Interaction Ritual: Essays on Face-to-Face Behavior*, New York: Anchor Books, Doubleday and Company Inc.（＝2002, 浅野敏夫訳『儀礼としての相互行為』法政大学出版局.）
原田謙, 2017,『社会的ネットワークと幸福感――計量社会学でみる人間関係』勁草書房.
橋本健二, 2016,『現代貧乏物語』弘文堂.
橋本健二, 2018,『新・日本の階級社会』講談社現代新書.
弘兼憲史, 2018,『弘兼流「ひとり力」で孤独を楽しむ』PHP研究所.
ひろさちや, 2016,『「孤独」のすすめ』SB新書.
Hirschi, Travis, 1969, *Causes of delinquency*, California: University of California Press.（＝1995, 森田洋司・清水新二監訳『非行の原因――家庭・学校・社会のつながりを求めて』文化書房博文社.）
本間義人, 2004,『戦後住宅政策の検証』信山社.
堀有喜衣, 2004,「無業の若者のソーシャル・ネットワークの実態と支援の課題」『日本労働研究雑誌』No.533：38-48.
池田心豪, 2010,「ワーク・ライフ・バランスに関する社会学的研究とその課題――仕事と家庭生活の両立に関する研究に着目して」『日本労働研究雑誌』No.599：20-31.
稲葉一人, 2008,「法的観点から見た、自己決定」高橋隆雄・八幡英幸編『自己決定論のゆくえ――哲学・法学・医学の現場から』九州大学出版会, 125-157.
稲葉圭信, 2011,『利他主義と宗教』弘文堂.

石田光規，2011，『孤立の社会学――無縁社会の処方箋』勁草書房．

石田光規，2013，「孤立する人々の特性」稲葉陽二・藤原佳典編『ソーシャル・キャピタルで読み解く社会的孤立――重層的予防策とソーシャルビジネスへの展望』ミネルヴァ書房，37-55.

石田光規，2015，『つながりづくりの隘路――地域社会は再生するのか』勁草書房．

石田光規，2016，「孤立と自己決定――頼らない人／頼れない人の比較」『生活と支え合いに関する調査（2012 年）二次利用分析報告書』国立社会保障・人口問題研究所，25-42.

磯村英一・大塩俊介編，1957，『団地生活と住意識の形成（第 1 集）』東京都立大学社会学研究室．

伊藤公雄，1996，『男性学入門』作品社．

五木寛之，2017，『孤独のすすめ――人生後半の生き方』中公新書ラクレ．

岩田考，2014，「ケータイは友人関係を変えたのか――震災による関係の＜縮小＞と＜柔軟な関係＞の広がり」松田美佐・土橋臣吾・辻泉編『ケータイの 2000 年代――成熟するモバイル社会』東京大学出版会，171-200.

岩田正美・平田厚，2012，「現代の孤立から見えてくるもの」『月刊福祉』95（11）: 12-17.

金井壽宏，2002，『働くひとのためのキャリア・デザイン』PHP 新書．

Kawachi, Ichiro, Soshi, Takao, and S. V. Subramanian eds., 2013, *Global Perspectives on Social Capital and Health*, Springer Science.（＝2013, 近藤克則・白井こころ・近藤尚己監訳『ソーシャル・キャピタルと健康政策――地域で活用するために』日本評論社．）

河合克義，2009，『大都市のひとり暮らし高齢者と社会的孤立』法律文化社．

岸恵美子，2012，『ルポ　ゴミ屋敷に棲む人々――孤立死を呼ぶ「セルフ・ネグレクト」の実態』幻冬舎新書．

金井壽宏，2002，『働くひとのためのキャリア・デザイン』PHP 新書．

北村俊則・北村總子，2008，「医療における自己決定権の盲点――精神科医療のなかで」高橋隆雄・八幡英幸編『自己決定論のゆくえ――哲学・法学・医学の現場から』九州大学出版会，108-122.

北川順也，2011，『お寺が救う無縁社会』幻冬舎新書.
児玉哲彦，2016，『人工知能は私たちを滅ぼすのか――計算機が神になる 100 年の物語』ダイヤモンド社.
国民生活審議会，1969，『コミュニティ――生活の場における人間性の回復』.
国立社会保障・人口問題研究所，2014，『2012 年社会保障・人口問題基本調査　生活と支え合いに関する調査報告書』.
これからの地域福祉のあり方に関する研究会，2008，『地域における「新たな支え合い」を求めて――住民と行政の協働による新しい福祉』.（http://www.kantei.go.jp/jp/singi/syakaihosyoukokuminkaigi/kaisai/service/dai02/02sankou1.pdf　2014 年 5 月 20 日最終閲覧）
小辻寿規・小林宗之，2011，「孤独死報道の歴史」『Core Ethics』7: 121-130.
高齢者等が一人でも安心して暮らせるコミュニティづくり推進会議，2008，『高齢者等が一人でも安心して暮らせるコミュニティづくり推進会議（「孤立死」ゼロを目指して）』厚生労働省.（http://www.mhlw.go.jp/houdou/2008/03/dl/h0328-8a.pdf　2012 年 8 月 14 日最終閲覧）
厚生労働省，2012，プレスリリース（http://www.mhlw.go.jp/stf/houdou/2r9852000002aauc-att/2r9852000002aavt.pdf　2012 年 8 月 14 日最終閲覧）
小山弘美，2012，「パーソナル・ネットワークからみた高齢者の孤立と地域の役割」『社会学論考』33：1-27.
小柳正弘，2008，「「自己決定」の系譜と展開」高橋隆雄・八幡英幸編『自己決定論のゆくえ――哲学・法学・医学の現場から』九州大学出版会，22-42.
倉沢進，1987，「都市的生活様式論序説」鈴木広・倉沢進・秋元律郎編著『都市化の社会学理論――シカゴ学派からの展開』ミネルヴァ書房，293-308.
黒岩亮子，2008，「高齢者の「孤立」に対する福祉政策の変遷」『社会福祉』49: 59-77.
黒岩亮子，2012，「地域福祉政策――コミュニティの活性化による孤独死対策の課題」中沢卓実・結城康博編著『孤独死を防ぐ――支援の実際と政策の動向』ミネルヴァ書房，154-185.

Kurzweil, Ray, 2005, *The Singularity is Near: When Humans Transcend Biology*, NewYork: Loretta Barret Books.（＝2016, NHK出版編『シンギュラリティは近い――人類が生命を超越するとき［エッセンス版］』NHK出版.）

葛生栄二郎・河見誠・伊佐智子, 2009,『新・いのちの法と倫理』法律文化社.

Laumann, E., 1965, "Subjective Social Distance and Urban Occupational Stratification" *American Journal of Sociology*, 71: 26-36.

Lin, Nan, 2001, "Building a Network Theory of Social Capital" Lin, Nan, Karen Cook, and Ronald Burt eds., *Social Capital: Theory and Research*, New York: Aldine de Gruyter, 3-29.

Lipnack, Jessica, and Jeffrey Stamps, 1982, *Networking*, New York: Ron Bernstein Agency Inc.（＝1984, 正村公宏監修・社会開発統計研究所訳『ネットワーキング――ヨコ型情報社会への潮流』ミネルヴァ書房.）

Markoff, John, 2015, *Machines of Loving Grace: The Quest for Common Ground Between Humans and Robots*, Ecco.（＝2016, 瀧口範子訳『人工知能は敵か味方か――パートナー、主人、奴隷 人間と機械の関係を決める転換点』日経BP社.）

Marsden, Peter V., 1987, "Core Discussion Networks of Americans" *American Sociological Review*, 52, 1: 122-131.

Marx, Karl, und Friedrich Engels, 1848, *Das Kommunistische Manifest*.（＝1951, 大内兵衛・向坂逸郎訳『共産党宣言』岩波文庫.）

松田美佐, 2000,「若者の友人関係と携帯電話利用――関係希薄化論から選択的関係論へ」『社会情報学研究』(4)：111-122.

松本康, 2005,「都市度と友人関係――大都市における社会的ネットワークの構造化」『社会学評論』56 (1)：147-164.

松島静雄・北川隆吉, 1952,「わが国における労務管理の特質とその限界――A鉱山の事例を中心として」松島静雄『労務管理の日本的特質と変遷』ダイヤモンド社, 3-65.（再録：稲上毅・川喜多喬編, 1987,『リーディングス日本の社会学　9　産業・労働』東京大学出版会, 85-106.）

McPherson, Miller, Lynn Smith-Lovin, and James M. Cook, 2001, "Birds of a Feather: Homophily in Social Networks" *Annual Review of Sociology*, 27, 415-444.
目黒依子，1987,『個人化する家族』勁草書房.
Merton, Robert K., 1957, *Social Theory and Social Structure: Toward the Codification of Theory and Research.*（＝1961，森東吾・森好夫・金沢実・中島竜太郎訳『社会理論と社会構造』みすず書房.）
見田宗介，2008,『まなざしの地獄――尽きなく生きることの社会学』河出書房新社.
三浦展，2011,『これからの日本のために「シェア」の話をしよう』ＮＨＫ出版.
水落正明，2010,「男性に求められる経済力と結婚」佐藤博樹・永井暁子・三輪哲編著『結婚の壁――非婚・晩婚の構造』勁草書房，129-143.
森謙二，2010,「葬送の個人化のゆくえ――日本型家族の解体と葬送」『家族社会学研究』22（1）：30-42.
森真一，2000,『自己コントロールの檻――感情マネジメント社会の現実』講談社選書メチエ.
森真一，2008,『ほんとはこわいやさしさ社会』ちくまプリマー新書.
永田彰子，2002,「関係性から見た生涯発達――アイデンティティを育てる土壌としての「関係性」」岡本祐子編著『アイデンティティ生涯発達の射程』有斐閣ブックス，121-147.
仲正昌樹，2003,『「不自由」論――「何でも自己決定」の限界』ちくま新書.
仲正昌樹，2005,『自己再想像の＜法＞――生権力と自己決定の狭間で』御茶の水書房.
中村功，2003,「携帯メールと孤独」『松山大学論集』14（6）：85-99.
中尾啓子，2002,「パーソナルネットワークの概要と特性――東京都居住者対象のネットワーク調査から」森岡清志編著『パーソナルネットワークの構造と変容』東京都立大学出版会，173-193.
中谷彰宏，2017,『孤独が人生を豊かにする』あさ出版.
中沢卓実・淑徳大学孤独死研究会共編，2008,『団地と孤独死』中央法規.

NHK「無縁社会プロジェクト」取材班編著，2010，『無縁社会――“無縁死”三万二千人の衝撃』文藝春秋．

西澤晃彦，2010，『貧者の領域――誰が排除されているのか』河出ブックス．

ニッセイ基礎研究所，2011，『セルフ・ネグレクトと孤立死に関する実態把握と地域支援のあり方に関する調査研究報告書』ニッセイ基礎研究所．

野村祥平，2008，「ひとつの地域における高齢者のセルフ・ネグレクトの実態」『高齢者虐待防止研究』4（1）：58-75．

額田勲，1999，『孤独死――被災地神戸で考える人間の復興』岩波書店．

Putnam, Robert D., 2000, *Bowling Alone: The Collapse and Revival of American Community*, New York: Simon & Schuster.（＝2006，柴内康文訳『孤独なボウリング――米国コミュニティの崩壊と再生』柏書房．）

斉藤雅茂，2013，「地域別にみる孤立高齢者の特性」稲葉陽二・藤原佳典『ソーシャル・キャピタルで解く社会的孤立――重層的予防策とソーシャルビジネスへの展望』ミネルヴァ書房，56-72．

志水宏吉，2014，『「つながり格差」が学力格差を生む』亜紀書房．

下重暁子，2018，『極上の孤独』幻冬舎新書．

白波瀬佐和子，2008，「少子化社会における階層結合としての結婚――これからの社会階層論を探る」高田洋編『階層・階級構造と地位達成』（2005年SSM調査シリーズ2），63-81．

総務省，2017，『平成29年版情報通信白書』．

Suzuki, Munenori, Midori Ito, Mitsunori Ishida, Nihei Norihiro, and Masao Maruyama, 2010, “Individualizing Japan. Searching for its Origin in First Modernity” *The British Journal of Sociology*, 61(3): 513-38.

鈴木宗徳，2009，「「次はもう選ばれないかもしれない」という恐怖――人間関係の再帰化と公私の変容」古茂田宏・中西新太郎・鈴木宗徳編『21世紀への透視図――今日的変容の根源から』青木書店，196-216．

鈴木宗徳編，2015，『個人化するリスクと社会――ベック理論と現代日本』勁草書房．

高橋隆雄，2001，『自己決定論の時代の倫理学――意識調査にもとづく倫理的思考』九州大学出版会.
高橋勇悦，1984，『都市化社会の生活様式――新しい人間関係を求めて』学文社.
多摩市コミュニティ行政研究会，1997，『多摩市コミュニティ行政研究会報告書――まちを拓く！　パートナーシップ　市民と行政』多摩市生活文化部地域振興課.
多摩市くらしと文化部コミュニティ文化課，2002，『コミュニティセンターの概要 2002』多摩市くらしと文化部コミュニティ文化課.
多々良紀夫，2004，『高齢者虐待早期発見・早期介入ガイド（4）』長寿科学総合研究事業・多々良研究班.
立山龍彦，2002，『新版　自己決定権と死ぬ権利』東海大学出版会.
Tönnies, Ferdinand, 1887, *Gemeinschaft und Gesellschaft*, Darmstadt: Wissenschaftliche Buchgesellshaft.（＝1973，杉之原寿一訳『ゲマインシャフトとゲゼルシャフト　上・下――純粋社会学の基本概念』岩波文庫.）
辻大介，1999，「若者のコミュニケーションの変容と新しいメディア」橋元良明・船津衛編『子ども・青少年とコミュニケーション』北樹出版，11-27.
辻泉，2006，「「自由市場化」する友人関係――友人関係の総合的アプローチに向けて」岩田考・羽渕一代・菊池裕生・苫米地伸編『若者たちのコミュニケーション・サバイバル――親密さのゆくえ』恒星社厚生閣，17-29.
津村智恵子・入江安子・廣田麻子・岡本双美子，2006，「高齢者のセルフ・ネグレクトに関する課題」『大阪市立大学看護学雑誌』2:1-10.
上野千鶴子，2007，『おひとりさまの老後』法研.
鵜飼秀徳，2016，『無葬社会――彷徨う遺体　変わる仏教』日経BP.
浦光博，1992，『支えあう人と人――ソーシャル・サポートの社会心理学』サイエンス社.
浦光博，2009，『排斥と受容の行動科学――社会と心が作り出す孤立』サイエンス社.
Wellman, Barry, 1979, “The Community Question: The Intimate Networks of East Yorkers” *American Journal of Sociology*, 84

(5): 1201-1231.（＝2006，野沢慎司・立山徳子訳「コミュニティ問題――イーストヨーク住民の親密なネットワーク」野沢慎司編・監訳『リーディングスネットワーク論――家族・コミュニティ・社会関係資本』勁草書房，159-200.）

Wirth, Louis, 1938, "Urbanism as a Way of Life" *American Journal of Sociology,* 44: 1-24.（＝2011，松本康訳「生活様式としてのアーバニズム」松本康編『都市社会学セレクションⅠ　近代アーバニズム』日本評論社，89-115.）

山田昌弘，2014，『家族難民――生涯未婚率25％社会の衝撃』朝日新聞出版.

山田卓生，1987，『私事と自己決定』日本評論社.

山本宏樹，2012，「「向かい火」としてのパターナリズム――ピエール・ブルデューと民主主義」宮台真司監修・現代位相研究所編『統治・自律・民主主義――パターナリズムの政治社会学』NTT出版，171-212.

山折哲雄，2016，『「ひとり」の哲学』新潮選書.

山竹伸二，2011，『「認められたい」の正体――承認不安の時代』講談社現代新書.

著者略歴

1973年生まれ
2007年　東京都立大学大学院社会科学研究科社会学専攻博士課程単位取得退学（社会学博士）
現　在　早稲田大学文学学術院教授
主　著　『孤立の社会学――無縁社会の処方箋』（勁草書房，2011年），『つながりづくりの隘路――地域社会は再生するのか』（勁草書房，2015年），『郊外社会の分断と再編――つくられたまち・多摩ニュータウンのその後』（編著，晃洋書房，2018年）

孤立不安社会
つながりの格差、承認の追求、ぼっちの恐怖

2018年12月17日　第1版第1刷発行
2020年1月20日　第1版第2刷発行

著 者　石《いし》 田《だ》 光《みつ》 規《のり》

発行者　井 村 寿 人

発行所　株式会社　勁《けい》 草《そう》 書 房

112-0005 東京都文京区水道2-1-1　振替 00150-2-175253
（編集）電話 03-3815-5277／FAX 03-3814-6968
（営業）電話 03-3814-6861／FAX 03-3814-6854
堀内印刷所・松岳社

ISBN978-4-326-65418-5　Printed in Japan